PLANEJAMENTO ESTRATÉGICO PESSOAL PARA EDUCADORES

**LEONNE BRUNO
DOMINGUES ALVES**
Consultor educacional e mentor de carreira

PLANEJAMENTO ESTRATÉGICO PESSOAL PARA EDUCADORES

Como planejar, gerir e liderar a sua carreira

ALTA BOOKS
GRUPO EDITORIAL
Rio de Janeiro, 2024

Planejamento Estratégico Pessoal para Educadores

Copyright © **2024** STARLIN ALTA EDITORA E CONSULTORIA LTDA.
ALTA BOOKS é uma empresa do Grupo Editorial Alta Books (Starlin Alta Editora e Consultoria LTDA).
Copyright © **2024** Leonne Bruno Domingues Alves.
ISBN: 978-85-508-2304-1

Impresso no Brasil – 1ª Edição, 2024 – Edição revisada conforme o Acordo Ortográfico da Língua Portuguesa de 2009.

```
Dados Internacionais de Catalogação na Publicação (CIP)
         (Câmara Brasileira do Livro, SP, Brasil)

    Alves, Leonne Bruno Domingues
       Planejamento estratégico pessoal para educadores :
    como planejar, gerir e liderar a sua carreira /
    Leonne Bruno Domingues Alves. -- 1. ed. -- Rio de
    Janeiro : Alta Books, 2024.

       ISBN 978-85-508-2304-1

       1. Carreira profissional - Planejamento
    2. Educadores - Formação I. Título.

    24-195344                              CDD-370.7
              Índices para catálogo sistemático:

       1. Educadores : Formação     370.7

    Eliane de Freitas Leite - Bibliotecária - CRB 8/8415
```

Todos os direitos estão reservados e protegidos por Lei. Nenhuma parte deste livro, sem autorização prévia por escrito da editora, poderá ser reproduzida ou transmitida. A violação dos Direitos Autorais é crime estabelecido na Lei nº 9.610/98 e com punição de acordo com o artigo 184 do Código Penal.

O conteúdo desta obra fora formulado exclusivamente pelo(s) autor(es).

Marcas Registradas: Todos os termos mencionados e reconhecidos como Marca Registrada e/ou Comercial são de responsabilidade de seus proprietários. A editora informa não estar associada a nenhum produto e/ou fornecedor apresentado no livro.

Material de apoio e erratas: Se parte integrante da obra e/ou por real necessidade, no site da editora o leitor encontrará os materiais de apoio (download), errata e/ou quaisquer outros conteúdos aplicáveis à obra. Acesse o site www.altabooks.com.br e procure pelo título do livro desejado para ter acesso ao conteúdo.

Suporte Técnico: A obra é comercializada na forma em que está, sem direito a suporte técnico ou orientação pessoal/exclusiva ao leitor.

A editora não se responsabiliza pela manutenção, atualização e idioma dos sites, programas, materiais complementares ou similares referidos pelos autores nesta obra.

Grupo Editorial Alta Books

Produção Editorial: Grupo Editorial Alta Books
Diretor Editorial: Anderson Vieira
Editor da Obra: J. A. Ruggeri
Vendas Governamentais: Cristiane Mutüs
Gerência Comercial: Claudio Lima
Gerência Marketing: Andréa Guatiello

Assistente Editorial: Ana Clara Tambasco
Revisão: Gleise Barbosa e Hellen Suzuki
Diagramação: Joyce Matos
Capa: Marcelli Ferreira

Rua Viúva Cláudio, 291 – Bairro Industrial do Jacaré
CEP: 20.970-031 – Rio de Janeiro (RJ)
Tels.: (21) 3278-8069 / 3278-8419
www.altabooks.com.br – altabooks@altabooks.com.br
Ouvidoria: ouvidoria@altabooks.com.br

Para minha esposa Bárbara, meus filhos Gael e Alice, e meus pais Junior e Neuza, pelo incentivo e apoio até aqui.

SUMÁRIO

INTRODUÇÃO — POR QUE LER ESTE LIVRO? 1

PARTE 1
AJUSTANDO O CURSO PARA SER UM EDUCADOR DE SUCESSO

1. O AMANHÃ DE ONTEM É AGORA: PLANEJE! 9

2. O QUE É PLANEJAMENTO E POR QUE PLANEJAR
   A CARREIRA NA ÁREA EDUCACIONAL? 19

3. O GPS DO PLANEJAMENTO DE CARREIRA NA EDUCAÇÃO 43

4. MENTALIDADE: UM COMBUSTÍVEL INDISPENSÁVEL 51

PARTE 2
ENCONTRANDO O CAMINHO NA CARREIRA DE EDUCADOR

5. GPS PEDAGÓGICO: GANA POR ESTUDAR,
   PERFIL PEDAGÓGICO, SISTEMA DE VALORES 69

6. PROFESSOR É UM LÍDER, MAS MUITOS NÃO SABEM DISSO! . . . 83

7. PERFIS DE LIDERANÇA PEDAGÓGICA E COMO UTILIZÁ-LOS . . 107

PARTE 3
10 LIÇÕES PARA A CARREIRA DE EDUCADOR

8. O QUE FAZER PARA COMEÇAR A MINISTRAR AULAS? 129

9. A DIFERENÇA ENTRE O PROFESSOR PERFEITO E O BOM PROFESSOR ... 133

10. 4 SUPERDICAS INFALÍVEIS PARA ENCARAR O MEDO/NERVOSISMO DA SALA DE AULA 139

11. 6 DICAS QUE VÃO AJUDAR VOCÊ A LIDAR COM A AUTODESCONFIANÇA PEDAGÓGICA 145

12. ALUNO ADORA DAR FEEDBACK 151

13. SAIBA O QUE FAZER QUANDO O ALUNO DIZ QUE NÃO GOSTA DA SUA AULA! 157

14. 5 DICAS PODEROSAS PARA LIDAR COM O ALUNO POLÊMICO NA SALA DE AULA 161

15. EVITE ESTES 5 ERROS E SEJA UM PROFESSOR DE SUCESSO 167

16. 10 APRENDIZADOS SOBRE O EDUCADOR 175

EPÍLOGO — SAIA DA SUA CAVERNA: VISUALIZAÇÃO, FOCO E AÇÃO ... 201

APÊNDICE — CONSTRUINDO MEU PLANO 207

REFERÊNCIAS 211

ÍNDICE 213

INTRODUÇÃO

POR QUE LER ESTE LIVRO?

Faz algum tempo, tenho percebido os fóruns de educadores, nas redes sociais, cheios de dúvidas e perguntas quanto à carreira e à prática cotidiana de quem está na área da educação. Passei, então, a dar atenção ao conteúdo das dúvidas. Frequentemente se questionam sobre como começar a ministrar aulas, como ser contratado por uma escola, quanto cobrar por uma aula particular, que área de especialização seguir etc.

Outras vezes, queixam-se de alunos: alunos que são mal-educados, alunos que não gostam de suas aulas etc. Há, ainda, aqueles que relatam atuarem em áreas diferentes da sua formação por terem se frustrado com o mercado. Dizem ter colocado currículos e não serem chamados nem para a entrevista, ou que as exigências do mercado são muito elevadas. Mas há muitos que se questionam se a área da educação é uma boa área profissional, se a carreira é recompensadora moral e materialmente.

Passei a refletir bastante sobre essas questões e a olhar para a minha experiência na área educacional. Passei a observar mais atentamente as respostas — algumas muito desanimadoras, afirmando que a área educacional é ruim de trabalhar, pois não se teria reconhecimento e o salário seria muito baixo. Mas algo me chamou atenção na grande maioria. Todos pareciam ver a sala de aula como a única possibilidade de atuação neste vasto mercado que é a área educacional.

Foi pensando nessas questões que comecei a escrever algumas páginas que depois se tornariam este livro. Escrevi-o pensando no que eu fiz em toda a minha trajetória para chegar até onde me encontro hoje: professor da rede federal de ensino e com um salário relativamente bom. Muitas pessoas nos fóruns das redes sociais parecem não saber o que esperar das suas carreiras ou nem mesmo sabem por que escolheram a área da educação. E para mim sempre foi muito claro onde eu queria estar: na carreira de professor da rede federal.

A ideia inicial era que fosse um pequeno vídeo para o meu canal no YouTube. Fiz um roteiro e apresentei o rascunho a um amigo, que disse:

— *Cara, por que você não transforma isso em um livro? Vai ajudar muitas pessoas!*

Comecei, então, a escrever motivado por uma questão: como ajudar pessoas, que escolheram ou querem escolher a educação como área profissional, a desenvolverem suas carreiras de maneira mais sólida, permitindo que elas a administrem em vez de contarem com a sorte.

Esta é a razão pela qual o livro surgiu: contribuir com a jornada de profissionais da educação, para planejarem, gerirem e liderarem as suas carreiras. Eu espero que, após ler este livro — principalmente a primeira parte dele —, você compreenda que a carreira educacional sempre foi muito mais que a sala de aula, porém, com a grande difusão da internet, as possibilidades se abriram ainda mais. Hoje é possível ser professor de reforço através de redes sociais, criar o próprio modelo de negócio educacional, ser consultor, atuar em marketing educacional nas redes sociais, *homeschooling, e-learning* etc.

Porém, conversando com vários amigos profissionais da área, percebi que a faculdade não nos preparou para planejarmos a nossa carreira na educação. Pode ser uma grande coincidência que todos com quem conversei não tiveram nada no curso sobre como planejar, gerir ou liderar a carreira na educação. Mas se os fóruns estão cheios destes questionamentos sobre como conseguir vencer na carreira, então, não somos os únicos. A razão de haver essa lacuna na formação de muitos, eu não tenho como dizer, porém, que este livro vai ajudá-lo a começar a preencher esse espaço, posso afirmar, com certeza.

Você com certeza conhece diversos autores e autoras que se dedicam ao tema da formação de professores ou ao Desenvolvimento Profissional Docente (DPD) — se não os conhece, certamente os conhecerá em seu curso; porém a grande maioria desses trabalhos parece partir da premissa de que o fim profissional do licenciado é a sala de aula tradicional.

Desconheço debates na área que tratem da importância de um planejamento pessoal de carreira educacional para o desenvolvimento de habilidades e competências nas diversas áreas que o mercado permite. No entanto, eu acredito que o desenvolvimento pessoal, sobretudo o planejamento pessoal de carreira, pode ser uma grande ferramenta, aliada ao desenvolvimento de profissionais da educação mais adaptados aos nossos tempos.

Dividi este livro em quatro partes. Essa divisão tem finalidade didática, que é facilitar a compreensão e a aplicabilidade do conteúdo por parte do leitor. Agrupando conteúdos com caráter mais reflexivo na primeira parte, **ajustando o curso para ser um educador de sucesso**, com sete capítulos sobre planejamento de carreira, gestão, mentalidade e liderança.

No Capítulo 1, **O amanhã de ontem é agora**, apresento a importância do planejamento de carreira para a área educacional, assim como a importância de nos conhecermos e compreendermos os nossos objetivos.

No Capítulo 2, **O que é planejamento e por que planejar a carreira na área educacional?** Você irá encontrar a definição de planejamento de carreira, bem como um método de planejar a carreira em educação desenvolvido por mim, que chamei de método 3 em 5 de planejamento. No capítulo, apresento algumas possibilidades de áreas para atuar na educação, no intuito de lhe mostrar que a área educacional vai muito além da sala de aula, e que o sucesso na carreira, inclusive na educação, depende de estarmos atentos aos comportamentos do mercado profissional. Ao final do capítulo, há um modelo de planejamento de carreira para que você possa visualizar a sua carreira e, dessa forma, geri-la e avaliá-la.

No Capítulo 3, **O GPS do planejamento de carreira na educação**, apresento três âncoras importantes nas quais apoiar o planejamento: o **ganho**, o **prazer** e a **segurança emocional e financeira**.

No Capítulo 4, **Mentalidade: um combustível indispensável**, há uma reflexão sobre a importância da mentalidade no sucesso da carreira do educador. Fatores como resiliência, tolerância a frustrações e fé são apresentados como aquilo que pode contribuir para o seu desenvolvimento.

Na segunda parte do livro, **Encontrando o caminho na carreira de educador**, são apresentados aspectos referentes ao autoconhecimento a partir das *soft skills* ligadas à liderança de si e dos outros. No Capítulo 5, **GPS pedagógico: gana por estudar, perfil pedagógico, sistema de valores**, há uma reflexão sobre autoconhecimento profissional e a importância disso para o desenvolvimento da carreira em educação.

No Capítulo 6, **Professor é um líder, mas muitos não sabem disso**, e no Capítulo 7, **Perfis de liderança pedagógica e como utilizá-los**, há uma grande reflexão sobre essa importante *soft skill*, que é a liderança, e tão requisitada no mundo do trabalho atualmente. Há também uma tipologia de perfis que podem ajudá-lo a situar a sua liderança e a aplicá-la de forma mais efetiva na sua carreira educacional. Ao final do Capítulo 7, há um teste da **janela de Johari**, para que você visualize como está a sua liderança.

Na terceira parte deste livro, **10 lições para a carreira de educador**, reuni nove capítulos, além do epílogo, com dicas a partir das minhas experiências de dez anos como educador, passando de professor de reforço a professor de pós-graduação. O leitor poderá encontrar, aqui, dicas sobre a importância de começar a ministrar aulas para adquirir experiências profissionais, como encarar o medo da sala de aula, a importância de feedbacks dos alunos para o professor etc.

A quarta parte deste livro trata-se do apêndice, **Construindo meu plano**, em que o leitor encontrará um modelo de planejamento de carreira. Nele, poderá colocar em prática todo o conhecimento e as dicas de planejamento, gestão e liderança da sua carreira de educador adquiridos neste livro.

Este livro foi construído de forma que você poderá lê-lo do início ao fim, passando pelos capítulos na forma em que estão ordenados, mas você também pode escolher capítulos aleatórios sempre que quiser revisitá-los para tirar dúvidas sobre um assunto específico.

Este livro é resultado de uma experiência de vida, prática e teórica. Minha recomendação é que o utilize como fonte de incentivo para se desenvolver, pois não se trata de mais um livro sobre planejamento pessoal de carreira, mas um livro sobre o planejamento pessoal da carreira educacional, e você sabe como há pouco material sobre o assunto.

Por fim, deixo algumas sugestões para que você possa tirar o melhor proveito possível deste material.

1. A primeira coisa a ter em mente é que este livro não se trata de uma fórmula mágica, mas de UM caminho possível, não o único. É fundamental que você, ao ler este livro, mantenha seu desejo de aprender e de descobrir novas possibilidades. Tenha em mente que o sucesso depende de saberes cumulativo.

2. Este livro possui, propositadamente, alguns testes e um modelo de planejamento de carreira, que é o que eu desenvolvi para mim e, aqui, compartilho com você. Portanto, sugiro que, ao fim de cada capítulo, pare para refletir e depois faça os testes presentes. Pense em como as situações e reflexões aqui apresentadas estão presentes na sua vida profissional.

3. Este é um livro no qual você deve fazer anotações. Use um lápis, uma caneta vermelha, um marca-texto e, sempre que se deparar com algo que você perceba que pode aplicar à sua carreira educacional, marque e faça anotações. Isso irá ajudá-lo a fixar o conteúdo de forma mais efetiva.

4. Se você é da área educacional, certamente já ouviu que, quando estamos aplicando algo ou ensinando alguém, aprendemos de forma mais efetiva — se você ainda não está atuando, certamente ouvirá isso —, ou seja, a aprendizagem é um processo ativo. O próprio Paulo Freire afirma que aprendemos a ensinar enquanto ensinamos. Por isso as metodologias ativas são tão valorizadas atualmente. Portanto, aplique as dicas, os insights, os testes presentes neste livro. É claro que será difícil aplicar tudo de uma vez, mas ponha em prática diariamente o que você aprender, fazendo disso um hábito. Tenho certeza de que mudará seu olhar sobre a sua carreira educacional.

Boa leitura!

PARTE 1

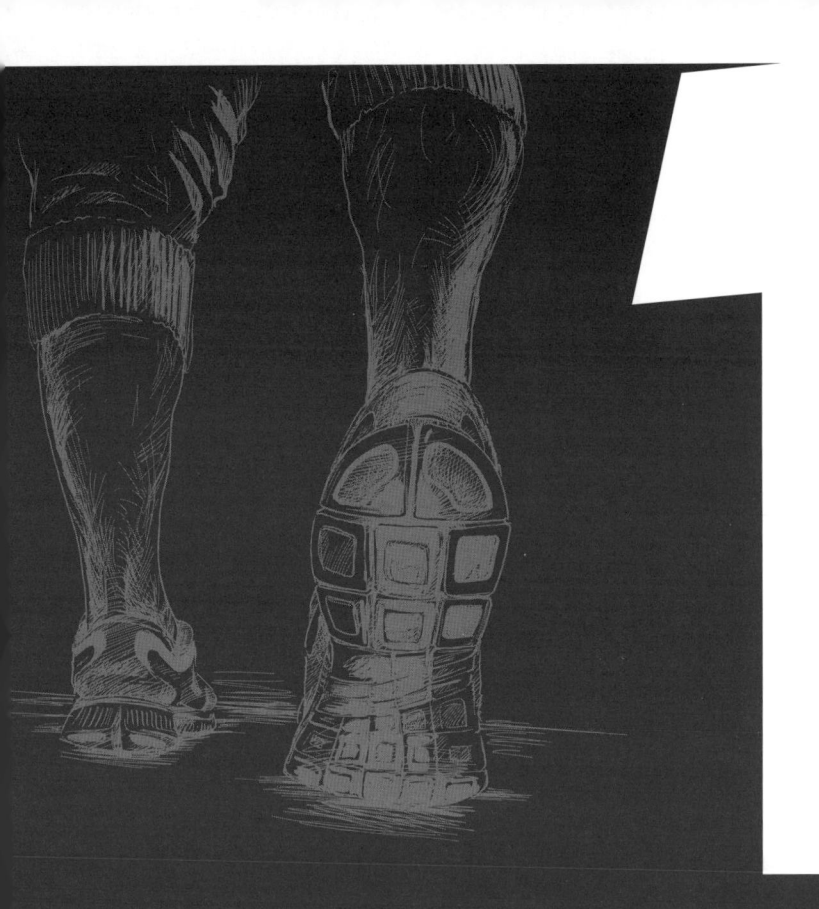

AJUSTANDO O CURSO PARA SER UM EDUCADOR DE SUCESSO

CAPÍTULO 1

O AMANHÃ DE ONTEM É AGORA: PLANEJE!

"Não há nada que seja maior prova de insanidade do que fazer a mesma coisa dia após dia e esperar resultados diferentes." — FRASE ATRIBUÍDA A ALBERT EINSTEIN

Raimundo Junior[1] é um amigo, hoje educador e escritor, cuja vida retrata bem o dilema de muitos de nós quando começamos a nos deparar com o problema do planejamento da carreira. O que fazer com a nossa vida profissional? E, por que não dizer, pessoal, também? Esse problema é, por vezes, tão complexo, que não conseguimos identificar de imediato a raiz dele. Há pessoas que passam uma vida e não conseguem identificar a fonte desse problema, e a origem dele está no autoconhecimento.

Conheci Raimundo Junior na graduação em Ciências Sociais, em 2010, na Universidade Federal do Pará. Na época, tanto João quanto eu já trabalhávamos. Eu ministrava aulas de reforço quando podia

---

1 Por razões éticas, o nome verdadeiro foi substituído pelo nome do meu pai, também como forma de homenageá-lo, por sempre ter me apoiado em minhas escolhas.

e, assim, ganhava uns trocados; Raimundo Junior trabalhava como garçom, que era a sua profissão. Na época eu já planejava onde queria estar quando me formasse, o que eu pretendia fazer com minha graduação e em que área eu tinha melhor aptidão naquele momento. Essa certeza era o motivo de já ter começado a ministrar aulas mesmo não estando formado: *eu queria adquirir know-how na minha futura área de atuação.*

Fiquei de 2010 a 2012 ministrando, sempre que possível, aulas de reforço. Ganhando entre 25 e 35 reais por uma hora de aula, das mais variadas disciplinas da área de humanas, quando apareciam. Em 2012, após dois anos adquirindo alguma experiência em como lidar com alunos, fui contratado por uma escola da rede privada de ensino para ministrar a disciplina de Sociologia e Filosofia no Ensino Médio. Minha pequena experiência adquirida ministrando aulas particulares como professor de reforço foi, sem dúvida, decisiva. E, obviamente, um QI (quem indique) ajudou bastante.

Em uma tarde ensolarada, pós-almoço, sentamo-nos pelos corredores da universidade de frente para o rio Guamá, para tomarmos uma brisa que refrescasse o calor costumeiro de mais de 30°C. Começamos a conversar, Raimundo Junior, eu e mais algumas amigas, e o assunto de trabalho acabou surgindo. Mostrei-lhes, então, um material que eu havia preparado para minhas aulas: uma pequena apostila e uma lista de exercícios para os alunos. Foi quando surgiu o assunto: *quanto você ganha como professor?*

Não me lembro ao certo de quanto era o meu contrato para trabalhar em uma escola com três turmas de Sociologia e Filosofia, mas, tirando os encargos trabalhistas, eu recebia no final do mês pouco menos de 300 reais mensais, ou seja, eu ganhava menos de um terço do salário mínimo na época. Quando revelei o valor que recebia, todos ficaram chocados. "Muito pouco!", disseram. É claro que era pouco!

E, obviamente, eu não gostava nem um pouco do valor que recebia. Na verdade, até sentia certa vergonha de trabalhar por aquele valor.

Eu tinha 24 anos. Tenho certeza de que você, também, aos 24 anos desejou, deseja ou desejará receber mais que alguns trocados como professor de reforço e cento e poucos reais como professor contratado por alguma instituição de ensino. Mas naquela tarde, durante nossa conversa, o que me deixou pensativo foi o que dissera o meu amigo. Raimundo Junior, ao ouvir o valor irrisório que eu ganhava para ministrar aulas, comparando-o às suas gorjetas de garçom, disse: *prefiro continuar trabalhando como garçom do que trabalhar por esse valor.*

Eu, com certeza, não gostava do valor que recebia — friso novamente. Mas meus pais sempre me aconselharam que, naquele momento, havia algo mais valioso que o dinheiro para receber: *era a experiência de sala de aula.* Dali a poucos anos, quando eu estivesse com o diploma em mãos, isto seria o diferencial: quem possuía experiências e quem não possuía. Meus pais queriam que eu olhasse para além dos anos da faculdade.

Recentemente, meu amigo e eu conversávamos sobre esses episódios. Mais precisamente, porque eu havia mostrado para ele parte deste capítulo que você está lendo agora. Raimundo Junior reforçou a mim, primeiramente, o quão importante é termos acesso, na graduação, a materiais que nos exponham à concepção de planejamento pessoal de carreira, de como fazê-lo e de como geri-la. Depois disse o seguinte:

> *Meu amigo, naquela época eu estava preso a crenças limitantes, e a noção de tempo era algo que eu não compreendia. Imagine o que é para a maioria de nós, jovens, aos 20 e poucos anos, alguns com menos, entrar numa universidade, ou faculdade, em que vai ficar quatro ou cinco anos. Esse tempo é uma eternidade*

para muitos jovens. E eu era um desses. A universidade não nos ensinou que era necessário planejar a carreira e gestar o nosso tempo.

Três, quatro, cinco anos sem dúvida podem parecer muito tempo, porém passam num átimo. Você, com certeza, tem a sensação de que o tempo passou muito rápido quando relembra seu passado recente. Quando não compreendemos que temos que olhar à nossa frente, que estamos em um ponto A e deveremos (ou desejaremos) estar em um ponto B algum tempo depois, as coisas dificilmente acontecerão de forma favorável. A probabilidade maior é que você se pergunte se esse tempo valeu a pena ou o que você fez com esse tempo.

Saber qual é o seu ponto A e onde é o seu ponto B requer exercício de autoconhecimento, requer autoavaliação e saber quais as suas crenças limitantes; como Raimundo Junior, hoje, admite: "naquela época eu estava preso a crenças limitantes". Na área de planejamento de carreira, algumas frases representam essas crenças que o brasileiro possui: *eu ainda sou jovem, vou aproveitar*; *se tivesse planejado não daria tão certo*; ou *eu não sou de fazer planos, eu deixo as coisas acontecerem*. Sem dúvidas deve haver pessoas para quem os dados do universo jogam a favor, mas, se você não é um desses afortunados cósmicos, então sugiro que reveja suas crenças quanto a planejar.

Meu amigo, nos tempos de universidade, era preso a algumas dessas crenças. Raimundo Junior acreditava que cinco anos (o tempo de duração de uma graduação de bacharelado e licenciatura em Ciências Sociais) eram muito tempo — tempo de sobra para se preocupar naquele momento. Mas como diz o ditado: *o amanhã de ontem é agora!* Meu amigo também tinha uma crença bem difundida na sociedade há muito tempo, a de que *basta entrar num curso superior para estar com a vida garantida.*

Certamente você, eu e tantos outros ouvimos que, para conseguir um bom emprego ou um bom salário, é necessário entrar numa universidade. Muitos fazem disso uma crença imutável, na qual basta entrar numa universidade e sua vida será toda "transformada". Quando passamos no vestibular, muitos elogios e profecias de parentes e amigos reforçam essa ideia. Principalmente se, como Raimundo Junior, você é o primeiro de sua família a entrar numa universidade. Mas as coisas não acontecem dessa forma, não é mesmo?

E não aconteceu para meu amigo. Raimundo Junior não planejou (na verdade, ele planejou, porém planejou de maneira errada) onde queria estar, passados os cinco anos, e, portanto, não buscou ferramentas necessárias para a área de atuação, não cultivou habilidades e competências e não adquiriu experiências. Passou então a procurar os culpados, afinal ele já tinha um curso superior, portanto não deveria se encontrar naquela situação: **sem o emprego e a vida boa que [certamente] deveriam estar lhe esperando**. A frustração de ver que a profecia da crença popular não se consolidou o fez se afundar em hábitos nocivos a ele mesmo, que lhe custaram mais tempo. A frustração se refugiou no álcool.

Talvez, se as noções de planejamento e gestão de carreira fossem discutidas abertamente em cursos de licenciatura, como os que Raimundo Junior e eu fizemos, meu amigo tivesse encurtado a sua curva de aprendizado — e eu também — e, possivelmente, ele não demoraria tanto para superar suas crenças limitantes — e eu também — e começaria a se mover entre o seu ponto A e seu ponto B na vida. Talvez você não tenha refugiado no álcool a frustração com a sua carreira na educação, mas pode tê-la transformado em outros hábitos e crenças limitantes que não lhe permitam processar e compreender como planejar a carreira para começar a se movimentar em direção ao seu objetivo.

Nas próximas páginas, quero apresentar a você as noções básicas de planejamento de carreira — um método de pensar o planejamento que desenvolvi ao longo dos meus dez anos de carreira e que busquei compartilhar neste livro. O leitor encontrará, também, as ferramentas necessárias para se desenvolver e as habilidades para se gerir e ajustar o curso da sua vida para onde quiser direcioná-la.

DECIFRE A ESFINGE!

Este capítulo é, sem dúvida, um dos pontos mais difíceis de escrever, em minha opinião. Primeiro, porque se trata de algo realmente complicado, em termos práticos. Planejar qualquer coisa é difícil, porém é fundamental para que consiga alcançar objetivos e metas. Como professor de cursos técnicos e pós-graduação, sempre digo aos meus alunos que estão fazendo TCC que um bom projeto (planejamento) é 60% do trabalho. Se fizer um bom projeto — sabendo onde começar, quais os objetivos, que ferramentas deverá usar, onde coletar os dados para alcançar o que você quer, quais serão suas referências —, então, os outros 40% virão a reboque.

Segundo, porque é preciso tomar cuidado para não parecer um guru que diz: *faça isso e sua vida vai mudar.* Não sou guru, e este livro não se trata disso. Trata-se de um compartilhamento de expertises para ajudá-lo a fazer, você mesmo, o seu caminho. Ninguém pode dizer para alguém seguir à risca todos os meus passos, pois todos temos caminhos diferentes. Você pode aprender o caminho das pedras com alguém, mas é você que vai trilhá-lo. É isto que pretendo lhe mostrar aqui: o caminho das pedras em planejamento e gestão de carreira na educação, que eu chamei de 3 em 5. Vou mostrar-lhe como faço 3 pilares do planejamento em 5 princípios. Mas quem deverá fazer o planejamento é você.

Outra grande dificuldade em escrever este capítulo foi sistematizar coisas que para mim são intuitivas. Assim, busquei dar forma, neste capítulo, à *minha maneira de pensar* e que me ajudou, e me ajuda, a projetar minha carreira e a tomar decisões que podem render bons frutos no futuro. Sim, no futuro. O amanhã de ontem é agora! Portanto, todo planejamento se refere a ações com consequências no futuro. E isso sempre me foi muito intuitivo, porque cresci ouvindo dos meus pais: *comece agora o que você quer para a sua vida daqui a dez anos.*

Hoje compreendo que, quando meus pais me diziam para pensar sempre na frente, eles estavam buscando desenvolver em mim a capacidade de visão. A capacidade de visualizar a vida e definir um ideal de si que se deseja alcançar. De acordo com Djalma de Oliveira (2018, p. 69), "Visão é a identificação do que o indivíduo quer ser, dentro de um período de tempo mais longo e uma abordagem mais ampla".

A palavra "carreira" tem origem no latim *carraria*, que significa estrada rústica. Foi somente após a Revolução Industrial, já no século XIX, que a palavra carreira foi associada ao processo de formação da experiência profissional. Portanto, toda profissão representa um percurso. Logo, todo profissional é um viajante em uma estrada. Daí a expressão trajetória profissional. Porque somos transeuntes em uma caminhada existencial na nossa profissão.

De acordo com a mitologia grega, na estrada para a cidade de Tebas, um monstro começou a atormentar os viajantes. Era metade mulher, metade leão. Esse monstro foi chamado de esfinge. Para que conseguir seguir o trajeto, continuar trilhando o caminho, era necessário desvendar o enigma. *Decifra-me ou te devoro!*, dizia a esfinge antes de apresentar o enigma aos viajantes.

Numa interpretação psicanalítica e filosófica, a esfinge é a nossa psique, nossa mentalidade (mindset: mind = mente + set = configuração). É necessário que decifremos o nosso mindset, ou ele pode se transformar em um monstro que irá nos devorar. Tal como os viajantes que só conseguiam concluir sua jornada se decifrassem o enigma, nós, profissionais, só concluiremos nossa jornada profissional se decifrarmos a nossa mentalidade.

Traduzido, o mito da esfinge é: decifra-te ou tu te devorarás! Por isso o planejamento pessoal de carreira é tão importante. Ele é uma forma de decifrar-se. O planejamento permite que você desvende o seu foco de atuação e o direcionamento profissional que busca, permite que você visualize como interligar seus diversos conhecimentos e habilidades, permitindo, inclusive, que você mude de estrada, caso precise, e lhe proporciona segurança para trilhar o caminho.

Você pode planejar as coisas a curto, médio ou longo prazo, contudo deve ser realista com os prazos. Não acredite que as coisas podem mudar facilmente em um período muito curto, como alguns meses. Por exemplo, sua formação superior faz parte de sua carreira, mas foi adquirida entre três e cinco anos. Uma especialização séria leva em torno de oito meses a dois anos. O que estou lhe entregando aqui é o caminho das pedras, mas é você quem deverá fazer o planejamento de forma séria, honesta e responsável. Lembre-se de que é a SUA carreira.

Sempre que conversei com amigos de outras áreas de formação — engenharia, economia, administração, direito etc. —, notei que, em algum momento das suas formações, eles têm cursos, palestras ou mesmo parte de algumas disciplinas destinadas a lhes apresentar opções de carreira e formas de pensá-la. Infelizmente não é o caso da maioria das licenciaturas.

Na licenciatura, parece que tudo já está muito definido e conformado. Você entrou para ser professor e só. É isso. Não lhe dizem as diversas modalidades de atuação como professor, nem como é diferente atuar em cada uma dessas modalidades de sala de aula. Ser professor de Educação Infantil, Ensino Fundamental, Médio, Superior, cursinho, educador social ou professor de *e-learning* (professor que atua pela internet) etc. é bem diferente entre si. Todas essas formas de atuação têm focos diferentes e, portanto, exigem posturas, técnicas e aptidões diferentes a serem adquiridas e executadas.

A universidade cria essa lacuna na carreira dos licenciados. O resultado é que, para quem não sabe aonde ir, qualquer caminho serve, e acabamos pegando o que aparece. Daí começam a ocorrer as frustrações com a carreira, o sentimento de que *não dá para a coisa*; *não era o que eu queria*; *não me adaptei ao trabalho* etc. Enquanto isso, várias outras áreas oferecem a percepção de como é a atuação privada, autônoma, serviço público, empreendedorismo etc.

É por experiência de quase dez anos na área, aprendendo a planejar e ainda planejando minha carreira, que quero compartilhar isso com você. O modelo que estou oferecendo aqui é uma conjunção entre o pensar em si mesmo e no que você pode oferecer à sociedade. Todo planejamento de carreira é, primeiramente, uma forma de liderança e empreendedorismo. A liderança sobre si mesmo e empreendedorismo de si. Se eu não tivesse me liderado e empreendido em mim mesmo com foco, e não tivesse me preparado para aproveitar as oportunidades quando surgiram, talvez não estivesse na posição de relativo conforto na carreira que estou hoje aos 32 anos de idade.

Muitos de nós, profissionais da educação, não planejamos a nossa carreira. Conheço vários licenciados cujo horizonte é: *vou ser professor*, porém nem mesmo esse horizonte "carreira de professor" é planejado. A carreira acaba se tornando um verso de Zeca Pagodinho:

deixa a vida me levar. O ponto é: levar para onde? Pode ser que muitos, quando jovens, não deem importância a **onde a vida pode levar**. O problema é quando o tempo passa e você olha para trás e não gosta de onde a vida lhe levou. A boa notícia é que não importa aonde a vida lhe levou, você pode tomar outro caminho.

CAPÍTULO 2

O QUE É PLANEJAMENTO E POR QUE PLANEJAR A CARREIRA NA ÁREA EDUCACIONAL?

"A maioria das pessoas não planeja fracassar, mas fracassa por não planejar." —J. L. BECKLEY

Antes de escrever este capítulo sobre planejamento de carreira para a área da educação, questionei-me sobre o porquê de não estudarmos planejamento de carreira na graduação. A maioria dos colegas com quem conversei sobre o assunto nunca discutiu o tema na universidade. Sempre discutimos, no meio acadêmico, sobre os rumos políticos da educação, assunto muito pertinente e necessário, mas, pragmaticamente, sobre como desenvolver a carreira na educação, não me recordo.

Planejamento? Educadores deveriam ser mestres nessa área! Por quê? Porque planejam aulas, cursos, disciplinas, ementas... ou ao menos deveriam. Mas você e eu sabemos que a coisa não é bem assim. Se você já é professor, sabe que muitos terminam os anos de graduação sem saber planejar nada (aulas, cursos, disciplinas, ementas). Na maior parte das vezes, não sabem a diferença entre eles nem identificar os elementos que os distinguem. Se entrar nos fóruns das redes sociais, verá o volume de buscas e pedidos por planos de aulas e ementas prontas — um grande "copia e cola". Mas não é esse tipo de planejamento que pretendo discutir aqui, e que seria assunto para um livro inteiro.

Quero chamar a atenção para o fato de que, se muitos educadores não conseguem nem mesmo planejar suas aulas, imagine suas carreiras! E de quem é a culpa? Isso não interessa aqui. O que interessa é fornecer os elementos para que você compreenda o que é o planejamento pessoal de carreira e por que ele é importante, inclusive, ou impreterivelmente, na área da educação.

Planejamento não é uma ação burocrática da vida, como a cultura popular no Brasil nos faz acreditar. Observe essas percepções sobre planejamentos que facilmente se encontram nas redes. Você poderá argumentar que são memes, mas, na verdade, são uma forma de expressar a frustração por não se saber planejar. "Não saber planejar" não significa que não se planeja nada, pois isso é impossível, mas significa que se planeja errado. E, se você planeja errado, não pode dar certo.

Passeando pela *timeline* do meu Facebook, me deparei com as seguintes frases publicadas:

"*Para mim as coisas só acontecem se forem espontâneas, em cima da hora...*"

"*Se planejar dá errado.*"

"*Aprendi que não vou planejar mais nada, para não me frustrar. Parece que, quando planejamos algo, aí é que dá tudo errado.*"

> *"Quando você planeja, nada acontece. Quando você não planeja, tudo acontece."*

Não sei se os pensamentos são originais ou repostagens que buscam representar uma intelectualidade que se esvazia pelas redes sociais; contudo, representam muito bem um pensamento corrente sobre o ato de planejar a vida.

Ações planejadas podem ser incompatíveis com alguns aspectos de bricolagem, popularmente conhecidos como "o jeitinho brasileiro" e muito presentes no nosso cotidiano. Planejamento, de forma geral, parece não fazer parte da vida da maioria de nós, brasileiros. Parece que o brasileiro prefere emendar aqui e acolá e torcer para dar certo do que destinar esforço e tempo planejando sistematicamente suas ações. Talvez essa seja a razão de acharem que as coisas boas só acontecem em cima da hora.

Contudo, pensar em não planejar já é um planejamento! Concordando com Menegolla e Sant'Anna (2014), o simples ato de pensar envolve planejamento. Quem pensa em não planejar está planejando deixar suas ações e as consequências dessas ações à sorte dos dados do universo. O que talvez falte à maioria das pessoas é compreender o processo de planejamento para que metas possam ser alcançadas.

> *"O homem no uso de sua razão pensa e imagina seu 'quefazer', isto é, suas ações, e até mesmo, as suas ações cotidianas mais rudimentares. O ato de pensar não deixa de ser um verdadeiro ato de planejar"* (MENEGOLLA; SANT'ANNA, 2014, P. 13).

Mas o que é planejamento? De acordo com o *Dicionário de Administração e Negócios* de Geraldo Duarte, planejamento pode ser a "exposição, em termos gerais, do que deve ser feito e dos métodos a serem empregados, para que a empresa atinja seus objetivos" (p. 848). O mesmo dicionário também apresenta como definição de planejamento "o procedimento de estabelecer metas e ou objetivos, identificando a maneira de obtê-los" (p. 848).

O planejamento estratégico, por sua vez, pode ser entendido como uma ferramenta de administração que permite ao processo de planejamento ser mais dinâmico e flexível, adaptando-se ao ambiente. Dessa forma, o planejamento estratégico pessoal é a implementação de métodos de planejamento e gerenciamento na vida individual, uma vez que, de acordo com Estrada, Neto e Augustin (2011), o cotidiano das pessoas está, atualmente, em constante mudança com as novas tecnologias.

Seguindo essas definições de planejamento e planejamento estratégico pessoal, o plano de carreira, de acordo Djalma de Oliveira (2018):

> "... é a explicação formal de um conjunto planejado, estruturado, sustentado e sequencial de estágios que consolidam a realidade evolutiva de cada indivíduo..." (OLIVEIRA, 2018, P. 04).

Por explicação formal, o autor se refere a um documento escrito por você, no qual possa acompanhar, visualizar e rever seu planejamento. Esse documento vai conter a estrutura, com as habilidades que você possui, as metas e os objetivos que quer alcançar em sua carreira. Ao final do Capítulo 3, você encontrará um modelo de planejamento que desenvolvi para que possa escrever o seu planejamento.

Sendo, portanto, um processo que envolve etapas, uma sequência lógica de ações, métodos e técnicas para que o resultado seja positivo, é possível planejar errado. Como mencionei anteriormente, a falta de compreensão sobre o planejamento, seus métodos e suas concepções aplicações pode ser uma das causas que levam tantas pessoas a pensar no planejamento como uma ação que as impede de aproveitar a vida. É justamente o oposto: as pessoas que melhor aproveitam seus momentos na vida são as que planejam. Além de aproveitarem o momento plenamente, pois reservaram aquele tempo para isso, ainda têm a felicidade de ver seus objetivos serem realizados.

Planejar é prever necessidades, ou seja, perceber de forma clara as ações concretas que podem ser desenvolvidas a partir de uma projeção teórica que criamos em nossa mente. O fato de ser teórico é simplesmente porque estamos falando de uma situação potencial, pois é direcionada para o futuro. Analisamos o passado e o presente, para prever melhorias ou evitar mais problemas no futuro. E isso não torna as coisas menos concretas.

Toda necessidade surge de uma situação real, como a necessidade de trabalhar, de conseguir um aumento, de trocar de carreira, de fazer uma pós-graduação, de se atualizar etc. As nossas necessidades no mundo do trabalho surgem de situações do mundo real. Cada inovação tecnológica transforma o mundo do trabalho e as relações dele.

O planejamento é, ainda, uma ação racionalizada, ou seja, um uso pragmático dos nossos recursos materiais e humanos. Quanto de energia deve ser gasto em cada etapa do planejamento? Essa pergunta, por si só, já demonstra o quanto nossa ação de planejar deve ser racionalizada, ou seja, pragmática, a fim de evitar o gasto desnecessário dos nossos recursos, sobretudo o nosso tempo.

Por ser racionalizado, o processo de planejamento deve ser realista e objetivo. É necessário saber com certeza o que se quer fazer. E saber o que se quer, com exatidão, talvez seja um dos principais problemas. Uma pesquisa realizada pela CMOV — Construindo Carreiras, uma empresa de treinamentos, revelou que 80% dos universitários não sabem o que querem do curso que estão fazendo[1].

---

1   O dado apresentado está no artigo do *O Dia* e pode ser acessado no site da revista eletrônica https://odia.ig.com.br/colunas/profissao-certa/2018/07/5557320-pesquisa-80-dos-universitarios-nao-sabem-o-que-fazer-profissionalmente.html

Não é exagero dizer que a maioria das pessoas que terminam o curso superior (e nos cursos de licenciatura não é diferente) é colocada de frente com o mercado de trabalho, mas não sabe o que fazer. Alguns entram no mercado, mas não sabem o que estão fazendo lá. Basicamente, não sabem qual o seu ponto A nem o seu ponto B. E, se você não tem ideia de qual é o seu objetivo, todo o restante do processo é comprometido.

Todo planejamento tem prazo. O plano de fazer um curso superior, por exemplo, tem um prazo, seja ele bem ou mal feito. O projeto de cursar uma faculdade tem prazo, que são os anos necessários para concluir o curso. E, por ter duração, inevitavelmente ele deverá ser avaliado. A avaliação é uma etapa fundamental do projeto, pois é ela que dirá se o plano está caminhando na direção certa. A avaliação deve ser criteriosa e o mais metódica possível.

Embora Menegolla e Sant'Anna escrevam sobre o planejamento de aulas, o conceito de planejamento pode ser aplicado a qualquer área, pois lembre-se de que pensar é planejar, e se pensa em diversas áreas de atuação. Os autores, portanto, fornecem um *checklist* do planejamento (MENEGOLLA; SANT'ANNA, 2014, p. 19).

- Conhecimento da realidade, das suas urgências, necessidades e tendências.
- Definição de objetivos claros e significativos.
- Determinação de recursos possíveis, viáveis e disponíveis.
- Estabelecimento de critérios e de princípios de avaliação para o processo de planejamento e execução.
- Estabelecimento de prazos e etapas para a execução.

Se planejar exige o conhecimento da realidade, é importante que se compreenda a situação do mercado de trabalho, suas urgências e tendências. A área de atuação profissional em educação sempre foi vasta, mas diversificou-se ainda mais nos últimos anos, seguindo a tendência geral de todo o mercado de trabalho. Parece-me óbvio que é um assunto de grande importância em qualquer curso, e nos cursos de licenciatura, ou em qualquer outro voltado à educação, não deveria ser diferente. Compreender as transformações do mercado de trabalho é conhecer uma parte dessa realidade para seu planejamento.

As transformações tecnológicas impactaram o mundo do trabalho e o modificaram. Na verdade, qualquer inovação ou impacto de grande escala na sociedade tende a impactar o mercado do trabalho. Recentemente, vivemos uma pandemia. Seu caráter global transformou as relações sociais e impactou a forma como muitos trabalham, inclusive professores e coordenadores. Dessa feita, as coisas dificilmente voltarão a ser exatamente como antes da pandemia.

Vivemos na era da quarta revolução tecnológica: a revolução nas comunicações. A forma de nos comunicarmos, mandar e receber informações foi completamente alterada. Alguns chegaram a dizer que professores não seriam mais necessários — há quem ainda acredite no fim dos educadores. Porém a pandemia mostrou o contrário. A pandemia mostrou o quão necessários são os professores. Mas também mostrou que muitos não sabem planejar suas carreiras, geri-las e adaptá-las à realidade à sua volta.

Quando a pandemia chegou e exigiu de professores e coordenadores novas habilidades, pouquíssimos estavam preparados ou tiveram a capacidade de adaptarem-se às exigências do novo mercado. O resultado? Ansiedade, estresse e demissões. Nem professores e coordenadores, nem as escolas, estavam preparados para lidar com essas transformações. Negligenciaram os sinais que havia anos eram apresentados.

Alguns falam que o ensino presencial irá desaparecer. Duvido muito. Somos seres sociais e sociáveis. Gostamos de estar próximos. A cultura brasileira também é uma cultura do abraço e do calor humano. Ademais, muitos alunos e professores não viam a hora de se encontrar e socializar seus afetos. Alguns falam que o ensino híbrido é uma tendência. É uma possibilidade. Outros, que o futuro é apenas o *e-learning*. Mas o certo é que tudo isso indica um fato muito animador: não falta emprego na área da educação.

Por sermos seres sociais, acumulamos ao longo do tempo um saber que é igualmente social. Acumulamos a história de como fizemos as coisas até aqui e o saber necessário para fazer novas coisas. O sociólogo Émile Durkheim (2011) afirma que a educação é a responsável pela transmissão desse conhecimento acumulado. Ou seja, sempre serão necessárias pessoas capazes de transmitir esse saber a outras gerações.

Portanto, a área da educação é um ramo profícuo de atuação nas mais diversas formas, e a internet ampliou, ainda mais, as possibilidades. Contudo, é necessário conhecer a fundo a ramificação do mercado em que quer atuar para construir um planejamento eficiente. Nesse planejamento, você deverá reconhecer as habilidades e competências necessárias para atuar no ramo.

Vou explicitar, rapidamente, três áreas que podem ser tendências nos próximos anos e podem render um bom faturamento: o *e-learning*, o marketing educacional e o homeschooling. Você já ouviu falar dessas áreas? Elas lhe foram apresentadas na faculdade? Provavelmente não. Mas vou mostrar-lhe como é importante estar atento ao mercado para planejar a sua carreira.

Com a revolução da internet, o aumento da velocidade das conexões previstas para o futuro com o 5G, têm aumentado a busca pela educação online. O Relatório Analítico de Aprendizagem a Distância no Brasil de 2018, o Censo EAD.BR 2018, mostra um crescimento de 23% entre 2017 e 2018. Com a pandemia de 2020, a busca por cursos online e o interesse das instituições em oferecê-los cresceram exponencialmente.

O Censo EAD.BR 2020 mostra que a recente liberação da EAD para a pós-graduação stricto sensu e para o ensino médio foi muito bem recebida pelas instituições de ensino. Ao analisar como estas estão organizando a expansão de cursos, observa-se que a pós-graduação stricto sensu está chamando a atenção das respondentes: 21% das instituições pretendem oferecer cursos em EAD e 25% das instituições estão estudando opções de cursos. O mesmo acontece com a expansão na educação básica, 5% das instituições de ensino sinalizam que pretendem oferecer cursos nessa modalidade e 20% estão estudando opções, um aumento considerável em relação censo anterior.

Vale reforçar que esses dados foram coletados durante a pandemia, portanto, em comparação com o Censo EAD.BR 2019, o interesse das instituições em expandir-se em diversos níveis de escolaridade cresceu consideravelmente (CENSO EAD.BR, 2022, P. 53).

FIGURA 1 - GRÁFICO 4.1 DA QUANTIDADE DE CURSOS OFERECIDOS EM EAD NO BRASIL EM 2017 E 2018 DO CENSO EAD BR 2018.

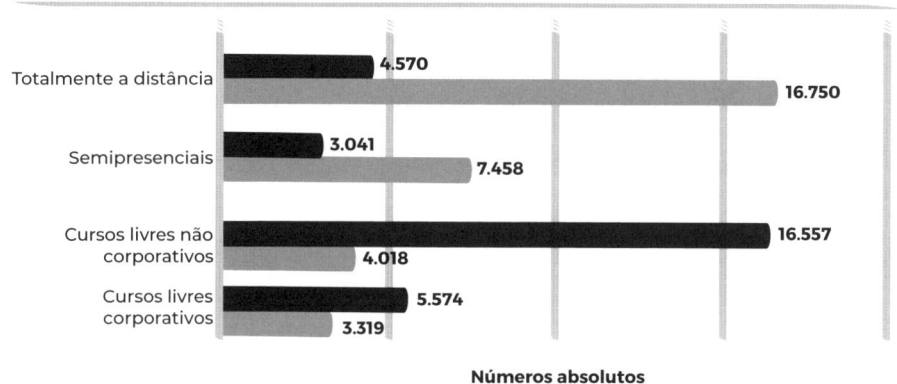

Modalidade	2017	2018
Totalmente a distância	4.570	16.750
Semipresenciais	3.041	7.458
Cursos livres não corporativos	16.557	4.018
Cursos livres corporativos	5.574	3.319

Números absolutos

FONTE: Censo EAD.BR: relatório analítico da aprendizagem a distância no Brasil 2018 (2019, p. 55).

Você tem se preparado para este mercado? Conhecia esta informação? Detém as habilidades e competências que a área demanda?

Com a internet, as possibilidades de atuação cresceram para professores, coordenadores e profissionais da educação de maneira geral. Com o crescimento, popularização e variedade das redes sociais, o marketing educacional e a consultoria educacional foram subáreas que passaram a ser atraentes para a atuação. No entanto, você pode achar que elas são apenas para profissionais de marketing. Engano. Muitos educadores foram forçados a começarem a entender como aplicar o marketing pessoal para promover a sua instituição e a si mesmos e oferecer consultoria no ramo.

Coordenadores e professores têm se especializado — e o ramo tem crescido — em compreender como promover não apenas escolas, mas educadores também. Como apresentar o conteúdo de forma mais atraente? Como difundir seu modelo educacional para além das fronteiras geográficas? Como usar o marketing e as redes sociais para dar maior visibilidade para a instituição ou seus trabalhos desenvolvidos? Como vender mais serviços educacionais a partir das redes? Você está atento a este mercado? Como tem desenvolvido suas habilidades na área?

Um último exemplo. Está em discussão no Congresso brasileiro a regulamentação do ensino doméstico, o homeschooling. Em 2019, 11 mil famílias[2] educavam os filhos dessa forma. Com a discussão política e sua popularização, a tendência é que essa modalidade de ensino cresça. A despeito das questões políticas e religiosas que envolvem homeschooling, é uma oportunidade que o mercado abre para educadores. Como está a sua habilidade de preparar extensos materiais, de atendimento pessoal e de criar planos de cursos e cursos completos?

Algumas pessoas querem contar com sorte na carreira, outras acreditam que alguns têm sorte na carreira. Mas eu lhe digo que não. A

---

2 O dado apresentado está no artigo do G1 e pode ser acessado no site de Associação Brasileira das Mantenedoras das Faculdades (ABRAFI): https://www.abrafi.org.br/index.php/site/noticias/ver/4500. Acessado em 19/05/2021.

sorte como probabilidade de os dados do destino jogarem a seu favor existe, mas raramente acontece. Há uma frase atribuída a Anthony Robbins, o famoso escritor e coach motivacional, que explica o que gostaria que você compreendesse aqui: "O encontro da preparação com a oportunidade gera o rebento que chamamos sorte." É por isso que você deve planejar a sua carreira.

As oportunidades estão aí, e vão muito além dos exemplos que mostrei. O mercado está se transformando, e você precisa ficar de olho nele e se preparar. Quem vai fazer a diferença em sua carreira é você. Entenda que não será especialista em tudo na sua área, mas acumulará know-how com o tempo, que irá lhe permitir transitar em diversas áreas. O plano de carreira é um plano para vida. Você não é a sua carreira, mas a sua carreira é parte importante do seu projeto de vida.

Pensar em projeto de vida é pensar no nosso tempo. É pensar em como gerir o nosso tempo. Considerando que a média de vida dos brasileiros, hoje, é aproximadamente 77 anos e que estão economicamente ativos por volta dos 20, há 57 anos para você gerir dentro da relação carreira e projeto de vida. Você tem 684 meses que podem ser direcionados à sua meta.

Isso é um projeto de vida. É traçar estratégias para alcançar os seus sonhos. A sua carreira pode ser uma estratégia para alcançar seus sonhos pessoais. Vivemos em um mundo em transformação a todo instante, e, se você não tiver um projeto de vida e um projeto de carreira, as turbulências da vida vão fazê-lo se afastar dos seus objetivos.

A sua carreira está começando, ou ela já começou, e você está em um determinado estágio dela e quer a partir daí alavancar? Como é que você se identifica daqui a algum tempo na sua carreira? A sua visão é ter estabilidade financeira na carreira?

De repente, a sua visão é ter estabilidade. Estabilidade não é conseguir pagar as contas — isso é tudo menos estabilidade. É segurança? É ter tranquilidade e qualidade de vida? Mas sua visão pode ser se tornar referência no seu nicho, em uma determinada região, na sua cidade, no seu local de trabalho. De repente sua visão é financeira: "Daqui a quinze anos, eu vou estar financeiramente em outro patamar... vou estar com uma casa assim, com um carro deste nível, minha carreira é para isso."

Qual é a sua visão? Qual o seu projeto de vida? Delinear isso é parte de traçar estratégias para alcançar os seus sonhos. A sua carreira pode ser uma estratégia para alcançar seus sonhos pessoais. Vivemos num mundo em transformação a todo instante, e se você não tiver um projeto de vida, uma visão a alcançar e, por consequência, um projeto de carreira, as turbulências da vida vão fazê-lo se afastar dos seus sonhos.

Para que possa começar a desenvolver sua visão, portanto, seu projeto de vida, é importante descobrir a sua missão pessoal. *Missão é a sua vocação, a razão de se desenvolver, a motivação existencial de fazer o que você faz.* É o que o motiva a acordar todos os dias e dedicar um tempo muito grande da sua vida fazendo algo. Porque trabalhar é gastar tempo. É de causar espanto que passemos aproximadamente 1/3 da nossa vida trabalhando. Então, por que você faz o que faz? Se não tiver uma motivação além de sobrevivência, terá a sua capacidade de visualização minada até chegar ao conformismo com o nada.

Napoleon Hill aponta um dado muito interessante a partir das pesquisas que fez com milhares de pessoas. Ele diz que 95% das 16 mil pessoas que entrevistou não conseguiram o sucesso profissional ou pessoal, ou não conseguiam manter um bom desempenho, por não possuírem clareza do que pretendiam para a vida. Em contrapartida, os 5% que conseguiam a satisfação, ou seja, alcançavam o sucesso — já que o sucesso é subjetivo para cada um —, conseguiram essa satisfação pessoal e profissional porque tinham clareza do seu propósito.

Minha dica é: escreva a sua missão em três ou quatro linhas e, se preferir, imprima e cole em um lugar no qual possa ler todos os dias. Comece a refletir sobre ela a partir destas perguntas:

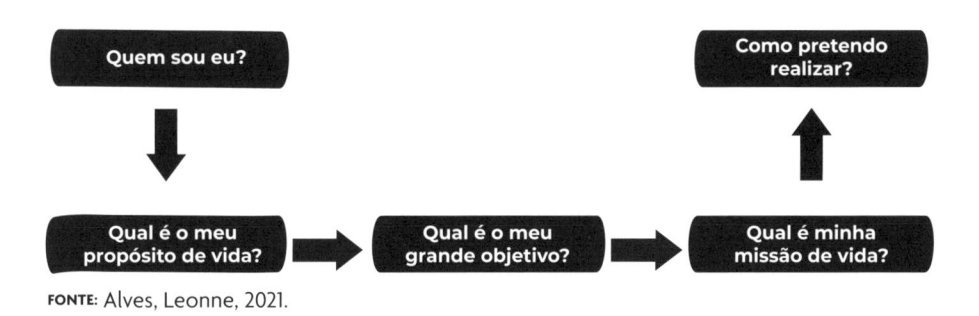

```
Quem sou eu?                                          Como pretendo realizar?
     ↓                                                        ↑
Qual é o meu          →    Qual é o meu         →    Qual é minha
propósito de vida?         grande objetivo?          missão de vida?
```

FONTE: Alves, Leonne, 2021.

COMPREENDENDO O MÉTODO 3 EM 5 DE PLANEJAMENTO PESSOAL DE CARREIRA

Como eu disse, o planejamento é um projeto. Neste caso, um projeto de vida pessoal e vida profissional. E isso faz parte do engajamento de si, como dizia o filósofo Jean-Paul Sartre (2011). Devemos estar engajados em nós mesmos para que possamos existir com liberdade. Contudo, para que possamos engajar-nos em nós mesmos, precisamos de autoconhecimento. Precisamos saber: *quem sou eu? Como eu sou? O que eu quero? Como quero? Onde estou? Como eu estou? Onde quero chegar? Como quero chegar? Que habilidades eu tenho? Como estou usando essas habilidades? Quais são as minhas referências para fazer o que pretendo fazer? Como modelar as minhas referências para fazer o que pretendo fazer?*

Ao se fazer essas perguntas e buscar respondê-las com sinceridade e responsabilidade, você perceberá que o planejamento de carreira se assenta sobre três pilares fundamentais: **autoconhecimento**, a **compreensão da sua carreira** (área pretendida) e as **escolhas conscientes** que são possíveis de fazer.

FIGURA 3 - TRIPÉ DOS PILARES DO PLANEJAMENTO DE CARREIRA

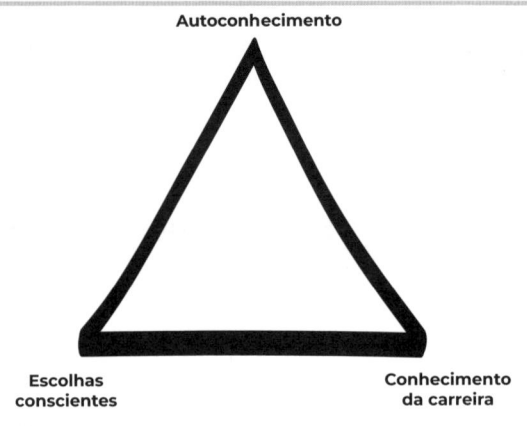

```
                 Autoconhecimento
                       /\
                      /  \
                     /    \
                    /      \
                   /        \
                  /          \
                 /_____\
         Escolhas              Conhecimento
         conscientes           da carreira
```

FONTE: Alves, Leonne, 2021.

É comum lermos ou assistirmos a anúncios que prometem mostrar um planejamento de carreira à prova de falhas, contendo o "martelinho de ouro" do planejamento. Entenda que nenhum planejamento de carreira é à prova de falhas porque nenhum ser humano é. Mas você pode questionar: *Se o planejamento não é a prova de falhas, por que planejar?* Planejamos para que possamos tirar o melhor de nós mesmos nas condições que temos em determinado momento. Para que possamos ser livres e dizer: *Eu escolhi estar onde eu estou agora.*

Permita-me mostrar isso a você, com um exemplo próprio. Há nove anos, eu estava subempregado. Trabalhava em uma escola como professor contratado, sem carteira assinada. Isso não era algo que me importava naquele momento, pois eu buscava a experiência para melhorar meu currículo, uma vez que ainda não era formado.

Foi quando dois eventos me colocaram diante de escolhas em que eu poderia deixar a vida me levar ou levar a vida para onde eu queria. O primeiro destes eventos foi minha namorada — hoje minha esposa — e eu termos engravidado. Sem dúvida, este é um evento que mexe com qualquer plano que você tenha para a vida. O segundo evento foi meu nome, pelo que acredito ter sido um erro — ou um intencional estímulo nada ortodoxo — desses que infelizmente acabam acontecendo, ter aparecido na lista dos alunos que seriam jubilados (jubilamento é a prescrição de vaga) da universidade caso não defendessem, em até seis meses, o TCC.

Após esses eventos, muitos foram os conselhos e constatações como: "agora você precisa parar de apenas estudar e trabalhar de verdade"; "Eu disse que esse seu curso não dava futuro... agora o que vai fazer?"; "Comece a colocar mais currículos por aí". O que eu fiz? Tenho certeza de que minha decisão irá surpreendê-lo.

Sempre tive uma meta com a minha carreira na educação: ser professor federal e ministrar aulas em cursos superiores. Porém perceba a situação: eu não tinha um diploma, e corria o risco de não o conseguir, e iria ser pai. Essa situação ensinou-me duas coisas fundamentais sobre autoconhecimento: a primeira é um antídoto aos "planejamentos antifalhas" vendidos por aí — **eu não sou autossuficiente e não sou forte o suficiente sozinho**. A segunda lição foi que é necessário ter coragem, estratégia, ação e resiliência no planejamento de carreira — se é o que você realmente quer. Poderia dizer que estes são cinco princípios:

1. Reconhecer os seus limites.
2. Coragem.
3. Estratégia.

4. Ação.

5. Resiliência.

Munido desses princípios, reconheci minhas limitações. Não poderia sair daquela situação sozinho, sentei-me com meus pais, disse que precisava da ajuda deles e que eu tinha uma forma de sair dela, mas, para tanto, precisaria de ajuda financeira mínima. Meu pai perguntou qual era a minha ideia para sair daquela situação, e eu lhe disse:

> Largar o emprego.

Exatamente isso que você leu! Todos os conselhos eram no sentido oposto "conseguir mais emprego"; "mais escolas", porém minha decisão foi largar o emprego.

Todo o planejamento é necessário coragem para tomar decisões difíceis. Eu disse aos meus pais:

> *Se eu ficar ministrando aulas em várias escolas para complementar renda, não terei tempo de subir na carreira, ficarei estagnado. Eventualmente terei experiência e nome profissional no mercado que me levem a uma escola grande que me pague bem. Porém, se eu largar o emprego, serei mais bem-sucedido, em menor tempo, em minha meta:* **ser um professor de nível superior.**

Eu lhe disse que meu plano era, ao fim daquele semestre, me formar na universidade e ser aprovado em uma pós-graduação. E, com aquela pós-graduação, ser aprovado em uma seleção de mestrado com bolsa de estudos e, assim, lhe retirar parte do peso financeiro. Estudando em um mestrado, eu estaria me preparando para um concurso público, ao passo que poderia formar uma *network* e, também, já poderia ministrar aulas em faculdades privadas, pois já teria os requisitos mínimos dentro de um ano e meio.

Perceba a aplicação de outro princípio: estratégia. Eu sabia que não poderia parar de trabalhar e ficar sem fazer nada, mas não poderia fazer algo de qualquer forma. Precisava de uma estratégia e, dentre tantas possibilidades, esta era a mais complexa e a que demandava maior tempo para ser executada, porém era a estratégia que me permitiria virar 180° minha situação. Seriam quatro meses até o fim do semestre e mais um ano inteiro até a seleção de mestrado. Meu pai disse que o plano era bom, porém perguntou se faria algo fundamental: **agir**.

A ação é um princípio fundamental para que as coisas que pretendemos realizar aconteçam. De nada adianta termos ideias, pensarmos as mais complexas estratégias se não as colocarmos em ação. No final daquele semestre, quatro meses antes de o meu primeiro filho nascer, estávamos comemorando minha colação de grau em bacharel e licenciado, juntamente com a aprovação na minha primeira pós-graduação na Universidade Federal do Pará. A partir daí, fui exercitar o princípio da resiliência.

Os resultados não chegam de imediato, embora estejamos muito empenhados e dedicados. É preciso ser resiliente e não desistir. Algumas pessoas irão rir, achar que você não sabe o que está fazendo ou, então, que é "encostado", mas permaneça firme se já executou os princípios anteriores. Ao fim daquele ano, comemorei a obtenção do meu primeiro certificado de especialista e a aprovação, como primeiro colocado, para o mestrado em Sociologia e Antropologia na Universidade Federal do Pará.

Assim, cumpri parte do que havia prometido aos meus pais para que me ajudassem com meu filho. Eu já havia estudado para o que eu queria, sabia o que era necessário e que ferramentas deveria desenvolver. Construí uma *network*, na especialização, que me permitiu fazer amizade com alguém que havia acabado de passar no concurso federal para professor. O que eu fiz? Agi!

Consegui a informação de que em breve abriria um novo concurso, e que haveria uma vaga de professor de sociologia. Estudei com afinco e busquei dicas valiosas para as provas de títulos e didática e, no final do primeiro ano de mestrado, fui aprovado em um concurso federal para professor, carreira que sigo hoje. Agora posso dizer que estou onde queria estar inicialmente!

Espero que essa história sirva para mostrar que o planejamento serve para nos tirar de situações adversas em nossa carreira e até mesmo para evitá-las, assim como serve para projetarmos, no futuro, mais ou menos como queremos estar. Eu sempre soube que queria ser professor de carreira universitária, e já me preparava para isso desde a graduação, estudando provas de concurso. Eu sabia quantas fases tinha um concurso para professor federal, por isso comecei a ministrar aulas bem cedo, ganhando pouco, pois precisava desenvolver a didática e ter anos de experiência para pontuar em uma seleção. Eu sabia que precisaria de um título para compensar a disputa com tantos doutores, por isso decidi fazer uma especialização, mais rápida que o mestrado e que compensava um pouco a diferença de pontos; e sabia que precisaria agir.

Eu tinha planejado minha carreira antes dos eventos da gravidez e do possível jubilamento — na verdade, eu tinha uma noção da carreira planejada. Eu vinha preparando essa carreira bem antes de me formar. O que esses eventos fizeram foi me colocar à prova: *sou alguém que deixa a vida me levar e, portanto, não toma as decisões que precisa tomar, ou sou alguém que toma as rédeas da vida e decide aonde quer levá-la?*

Resumindo, acredito que tenha ficado claro de que forma o planejamento de carreira está assentado no tripé:

1. **Autoconhecimento**: Sou alguém que deixa a vida me levar ou alguém leva a vida para onde gostaria que ela fosse?

2. **Conhecimento da carreira**: É importante ter conhecimento da carreira para se preparar com antecedência, adquirir as habilidades necessárias e traçar uma estratégia plausível.
3. **Escolhas conscientes**: Se você tiver autoconhecimento e conhecimento da sua carreira, com as possibilidades que ela oferece, você pode fazer as escolhas conscientes, mesmo que sejam decisões difíceis.

Esses pilares se abrem em cinco princípios:

1. Reconhecimento das suas limitações (se for preciso peça ajuda).
2. Estratégia para alcançar o fim do seu planejamento.
3. Coragem para tomar as decisões difíceis.
4. Ação para tornar o plano realidade.
5. Resiliência para permanecer no caminho que escolheu.

FIGURA 4 - DIAGRAMA DOS PILARES E PRINCÍPIOS DO PLANEJAMENTO DE CARREIRA

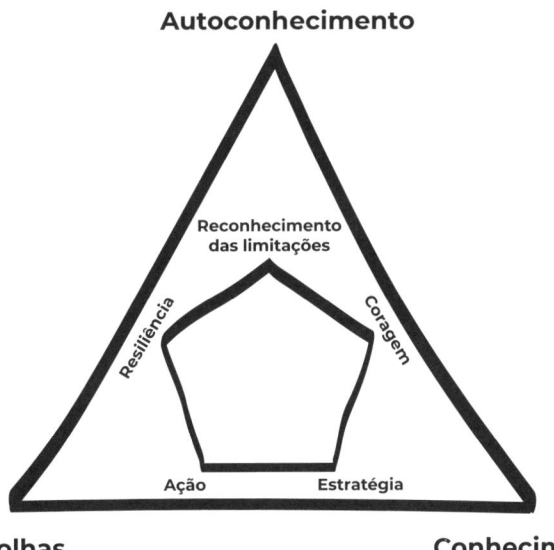

FONTE: Alves, Leonne, 2021.

O planejamento é para que possamos tirar o melhor de nós mesmos com o que temos. Meu planejamento foi feito com base nas minhas ferramentas, no meu meio familiar e social, percebendo onde e para quem eu poderia pedir apoio. Não sei qual a sua condição, suas habilidades e com quem você pode contar. Por isso o planejamento é você que deve fazer. Não existe, como eu disse, plano infalível. Existe o autoconhecimento, o conhecimento da carreira pretendida e escolhas conscientes. Meu plano poderia dar errado em muitos aspectos, mas trabalhei duro, com estratégia, coragem, resiliência e com ajuda de pessoas, para não permitir que as falhas ocorressem.

EXERCITANDO O MÉTODO 3 EM 5!

Pode ser que você tenha problemas em compreender os três pilares do método 3 em 5 de planejamento pessoal de carreira. Por isso, desenvolvi um quadro para ajudá-lo no exercício de se perceber nesse momento crucial de traçar seus planos.

Todo plano de carreira depende inicialmente de você se autoconhecer. Desta forma, o quadro a seguir reúne um conjunto de perguntas associadas a uma série de valores. "A clarificação de valores", de acordo com Donald Robertson (2019, p. 65), "é usada para ajudar as pessoas a tomarem decisões importantes, como a escolha de uma carreira…". O objetivo deste quadro é fazer com que você possa visualizar melhor a si mesmo e o que você quer oferecer à sociedade. Uma carreira não pode ser algo que você faça a contragosto. Toda carreira envolve inteligência social.

No quadro, você encontrará um conjunto de perguntas relacionadas *ao que você pretende*. Para este exercício, atribua uma pontuação de 0 a 10 na escala de satisfação/ importância que você dá a esse questionamento. Eu sei que ficará tentado a colocar 10 para todos, mas seja sincero e realista, pois não se pode abraçar o mundo. Trata-se de um princípio econômico conhecido como custo de oportunidade[3]. Compreenda-o da seguinte maneira: imagine que você está na sua cama querendo dormir coberto e aconchegado, porém o cobertor é curto, menor que a sua altura. Dessa forma, sempre que você cobre a cabeça, seus pés são descobertos; sempre que você cobre os pés, a cabeça fica descoberta. Não podendo cobrir os dois, você deverá decidir o que é preferível cobrir naquele momento.

Tenha em mente que recursos, quaisquer que sejam, são finitos; possuir mais em um implica possuir menos em outro. Por exemplo, uma instituição que lhe pague um salário muito acima da média provavelmente envolverá mais riscos ou menos segurança emocional, ou seja, tenderá a ser um ambiente de trabalho mais estressante, e assim por diante. Use essa ferramenta para fazer um alinhamento pessoal com seus valores.

QUADRO 1 - COMPREENDENDO SEUS VALORES PROFISSIONAIS-PESSOAIS.

O QUE VOCÊ PRETENDE?	ESCALA DE SATISFAÇÃO/ IMPORTÂNCIA.	VALOR.
1. Usar suas habilidades para encarar desafios.		Realização/ desafio.
2. Ambiente de trabalho confortável e agradável.		Segurança emocional.
3. Envolver-se em vários projetos diferentes.		Criatividade/ experiência.
4. Lidar com a incerteza.		Risco.

---

[3] De acordo com o *Novíssimo Dicionário de Economia* de Paulo Sandroni, **custo de oportunidade** é um conceito utilizado por Alfred Marshall, segundo o qual nossas escolhas implicam a eliminação de outras oportunidades. "[...] os custos não devem ser considerados absolutos, mas iguais a uma segunda melhor oportunidade de benefícios não aproveitada. Ou seja, quando a decisão para as possibilidades de utilização de *A* exclui a escolha de um melhor *B*, podem-se considerar os benefícios não aproveitados decorrentes de B como *opportunity cost*, custos de oportunidades" **(SANDRONI, 2001, P. 153).**

5. Destaque profissional e social.	Segurança econômica e estabilidade.
6. Preocupação com o bem-estar dos outros; contribuir para a sociedade.	Altruísmo.
7. Estar no controle do seu próprio trabalho.	Autonomia.
8. Oportunidade para liderar.	Influência.

No próximo quadro, proceda da mesma forma que você procedeu no anterior. No seguinte, você encontrará as perguntas de forma semelhante, porém relacionadas à *sua posição profissional-pessoal atual*, ou seja, no seu emprego atual, ou no seu curso de licenciatura, ou mesmo se você já estiver aposentado e pretenda retomar ou iniciar a carreira na educação.

QUADRO 2 - COMPREENDENDO A POSIÇÃO DOS SEUS VALORES PROFISSIONAIS-PESSOAIS HOJE.

QUAL SUA ATUAL POSIÇÃO:	ESCALA DE SATISFAÇÃO/ IMPORTÂNCIA.	VALOR.
1. Tem incentivo a realizações e conquistas?		Realização/ desafio.
2. Tem um ambiente agressivo e de estresse excessivo?		Segurança emocional.
3. Tem experiências novas e permite inovações?		Criatividade/ experiência.
4. Precisa assumir riscos pessoais e/ou financeiros?		Risco.
5. Oferece boas recompensas financeiras ou status social?		Segurança econômica e estabilidade.
6. Permite devolver benefícios à comunidade?		Altruísmo.
7. Dá a oportunidade de usar a sua iniciativa?		Autonomia.
8. Oferece oportunidade de comandar e influenciar pessoas?		Influência.

Após atribuir a pontuação de 0 a 10 (sendo 0 não me satisfaz ou não tem importância, e 10 me satisfaz muito ou é muito importante), compare os dois quadros e veja como as pontuações estão variando. Isso o permitirá perceber como e onde você pode, precisa ou deve ajustar seu plano de carreira na educação.

Para alguns, talvez seja necessária uma mudança drástica dentro da sua área de atuação, para outros, talvez pequenos ajustes sejam o suficiente para o sucesso. Pensando em ajudar você, ainda mais, a compreender a sua carreira, onde e como você pode atuar, desenvolvi o diagrama dos pontos cardeais da carreira em educação. Não se trata de um modelo pronto e acabado, e sim de um modelo para o inspirar nas diversas possibilidades.

FIGURA 5 - DIAGRAMA DOS PONTOS CARDEAIS DO PLANEJAMENTO PESSOAL DE CARREIRA NA EDUCAÇÃO.

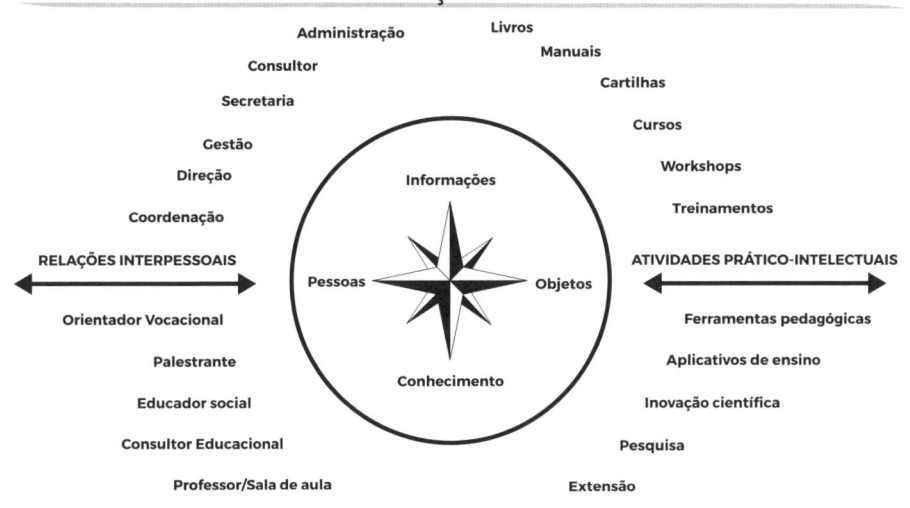

FONTE: Alves, Leonne, 2021.

No diagrama de pontos cardeais da carreira educacional, busquei esquematizar alguns interesses e atuações na área da educação tendo por base quatro "pontos cardeais" e dois "polos geográficos". Os quatro pontos cardeais são:

1. Conhecimento.
2. Objetos/produtos.
3. Informações.
4. Pessoas.

Os dois polos são:

1. Relações interpessoais.
2. Atividades prático-intelectuais.

No diagrama você pode se inspirar para visualizar melhor o seu planejamento. Observando-o, você pode verificar primeiramente para que polo tende mais: relações interpessoais ou atividades prático-intelectuais. E relacionar com os pontos cardeais do diagrama. Você é uma pessoa que tende mais para o polo das relações interpessoais, prefere lidar mais com pessoas e informações e dados, ou com pessoas e conhecimento?

Tenha em mente que o planejamento de carreira não é algo estático, nem estou lhe apresentando o meu método 3 em 5 como uma fórmula mágica. Portanto, não se prenda aos esquemas apresentados. Entenda o método e trace o seu planejamento. Pode ser que você queira transitar em todas as áreas cardeais do hemisfério sul do diagrama (Pessoas — Conhecimento — Objeto), ou em todas as áreas do hemisfério norte (Pessoas — Informações/dados — Objeto). Se assim for, ótimo.

Eu desenvolvi isso para que possa mapear a sua carreira da melhor forma. Assim, poderá visualizar da melhor forma quais habilidades, ferramentas, conhecimentos etc. você precisará adquirir para agir, buscando transformar seu planejamento em realidade.

CAPÍTULO 3

O GPS DO PLANEJAMENTO DE CARREIRA NA EDUCAÇÃO

"Quando não se sabe aonde está indo, talvez não se consiga chegar a lugar algum." — YOGI BERRA

Lembre-se da máxima contida no diálogo entre o Gato de *Cheshire* (o gato que ri) e Alice, em *Alice no País das Maravilhas*: ***O caminho a se tomar depende de onde você quer chegar.***[1] Para que você não seja devorado pela esfinge em seu caminho, quero lhe apresentar três fatores importantes para levar em consideração quando for pensar o seu 3 em 5 de planejamento pessoal de carreira. Compreendido o método, você estará pronto para compreender o GPS do planejamento de carreira docente. Se ainda restar alguma dúvida, sugiro que releia as páginas anteriores. Este GPS complementa o tripé do planejamento.

O que estou chamando de GPS do planejamento são três fatores que deve levar em consideração ao aplicar o método 3 em 5:

---

1 "Poderia me dizer, por favor, que caminho devo tomar para sair daqui?" "Depende bastante de para onde quer ir", respondeu o gato. "Não me importa muito para onde", disse Alice. "Então não importa o caminho que tome", disse o gato. **(CARROLL, LEWIS, 2009, P. 77-78)**.

1. Ganho.
2. Prazer.
3. Segurança.

Se você aplicou o método, ligue este GPS para saber o caminho para alcançar a sua nova meta.

Ganho: você certamente já ouviu que professor "trabalha por amor". Nada poderia ser mais ilusório. **Livre-se dessa crença!** Acreditar nesse tipo de afirmação só contribui para dificultar seu crescimento na profissão.

Você poderá discordar e dizer: "Leonne, eu trabalho por amor. Eu amo o que eu faço. Amo meus alunos." Entenda, eu não estou dizendo que você não deva sentir satisfação ou prazer naquilo que faz. Estou, simplesmente, alertando-o para o seguinte: você tem contas a pagar, tem pessoas que dependem de você, tem sonhos materiais a realizar. A programação neurolinguística nos ensina que quando romantizamos a profissão desta forma, mandamos uma mensagem inconsciente para o cérebro, que impacta o nosso *mindset*[2].

Não planejamos o amor. O amor é algo que acontece, e não temos controle sobre ele. Porém isso não pode ocorrer na sua carreira. Quando você diz "eu ensino por amor", "eu trabalho por amor", "eu faço por amor", está dizendo que o faz sem esperar nada em troca. Que você, simplesmente, o faz. A menos que esteja em um projeto solidário como parte de sua meta de vida e carreira, isso irá sabotá-lo, fazê-lo deixar a vida levar a sua carreira para onde nem imagina. E você poderá não gostar do resultado.

---

2 Jair Passos (2016) mostra argumenta, em *Professor Mediador e a Neurolinguística na Sala de Aula*, que nós não nos baseamos na realidade em si, mas em modelos que desenvolvemos a partir da nossa experiência. Ou seja, depende grandemente da forma como representamos a realidade em nossa mente.

Sabemos que profissionais da educação são, em termos gerais, desvalorizados em comparação com a relevância da nossa profissão para a sociedade e a quantidade de formação que muitos de nós possuímos. Porém é possível conseguir bons rendimentos financeiros com um bom planejamento de carreira em qualquer área de atuação, e na educação não é diferente.

Quanto você quer ganhar como professor? Eu sei que a pergunta é tentadora para colocar valores extraordinários, e eu sei que você vale isso. Contudo, seja realista quanto ao mercado em que pretende se colocar. Procure conhecê-lo, tenha sua carreira em mente. Não fantasie expectativas para que não se frustre com a realidade.

Pesquise os valores médios pagos nas diversas áreas de atuação em educação. Isso não significa que você não deva pensar em ganhar acima da média — ao contrário, deve! É para isso que se dedicou e se dedica à sua formação, e é para isso que você está lendo este livro. Use o diagrama dos pontos cardeais apresentado no Capítulo 2 para se orientar na pesquisa. Pensar em ganho em planejamento de carreira é importante para começar a desmistificar romantismos que só atrapalham o desenvolvimento objetivo da carreira.

Mas se por alguma razão ainda estiver relutante a esta crença, dizendo para si mesmo que "educação não é mercadoria e não deve ser vendida", aqui vai uma verdade dolorosa. Você não entendeu o que está fazendo. A verdade é que ninguém vende educação, nenhuma empresa vende educação, porque educação é um construto social com base nas relações que os indivíduos desenvolvem, portanto seria bem difícil vender isso. Não obstante, o que se faz é vender serviços que auxiliam neste construto social que chamamos educação. Portanto, se não o advertiram antes, permita-me fazê-lo: o que você vende é um serviço para uma determinada área do mercado econômico, que engloba um conjunto de atividades, meios e fins, denominada educação.

A pergunta que deve começar a se fazer é: que serviço educacional você vende?

Prazer: uma das ideias mais vendidas para a minha geração, a *millennial* (ou geração Y), era que nós deveríamos fazer o que gostássemos, que isso era o mais importante. Não está errado. Essa ideia tem a ver com o momento de grande crescimento pelo qual o mundo passava no fim dos anos 1980 e início de 1990, e da supervalorização das liberdades individuais, coincidindo com o fim da União das Repúblicas Socialista Soviéticas e a vitória dos ideais neoliberais do Ocidente. Embora esse pensamento não esteja errado, existem muitas contradições que podem envolver o prazer e o trabalho, contudo quero lhe mostrar como o prazer é algo fundamental no planejamento pessoal de carreira.

Você, com certeza, já deve ter percebido pessoas para quem o trabalho é um martírio; pessoas para quem o trabalho pode não ser algo maravilhoso, mas é satisfatório e, portanto, possível de carregar; e pessoas para quem o trabalho é sua própria realização existencial.

Existem pessoas que acordam na segunda-feira e lamentam terem levantado, passam o resto do dia esperando o trabalho acabar, passam a semana esperando a semana acabar, porque só estarão felizes quando o trabalho acabar. O *happy hour*, a "hora feliz", é apenas aquele instante. Ou seja, estão a maior parte do tempo infelizes.

Porém existem pessoas para quem o trabalho é a própria realização. Não há nada que deixe essa pessoa mais satisfeita do que exercer a profissão. Ela acorda na segunda-feira e agradece pelo dia, e espera que o dia seja redobrado, para continuar fazendo o que gosta; essa pessoa reclama quando o dia acaba, quando a semana acaba, e ela tem que ir para casa. Mas mesmo em casa essa pessoa busca se relacionar com o trabalho. Ela não vê outra coisa que não o trabalho. Ela é o trabalho em potência.

Pode parecer algo fantástico. "Eu sou meu trabalho!" Uau! No entanto, os sábios gregos já aconselhavam que tudo na vida é equilíbrio. A justa medida. Nem muito além, nem muito aquém. Uma carreira boa não pode ser uma carreira medida apenas pelo prazer — isso seria um extremo. Porém não pode ser uma carreira que não lhe dê prazer algum; isso é um extremo também.

Agora que você leu isso, pode dizer: "Leonne, eu entendo que uma carreira que não lhe dê prazer é ruim, mas por que uma carreira em que o indivíduo esteja radiante e realizado não seria tão boa?"

Para entender isso, é necessário que relacionemos com o tópico anterior, o ganho. Se você traçar sua carreira movido apenas pelo ganho que ela possa lhe dar, sem que tenha prazer em realizar seu trabalho, com o passar dos dias sua carreira se tornará um fardo. Por exemplo, você quer ser professor de um grande cursinho preparatório especializado — embora não goste ou acredite não ter aptidão para esse tipo de sala de aula — apenas porque acredita ser um dos melhores salários da área. Caso consiga ser professor numa grande rede na área e não sinta nenhum prazer nisso, toda segunda-feira começará seu martírio.

Você pode achar que estou exagerando. Que você não se importaria com isso desde que ganhasse um bom salário. Lembre-se: eu estou falando de carreira, algo que fará por um bom tempo na vida. Existem muitas pessoas que ganham um bom salário, mas não têm uma boa vida. São infelizes. Têm problemas de ansiedade, depressão e tantos outros problemas relacionados ao trabalho. Por exemplo, passar dez anos fazendo algo que o deixe estressado, de mau humor, que não o realiza satisfatoriamente, com certeza cansa e adoece.

Por outro lado, resolver trabalhar somente "por amor", por prazer ou apenas porque se sente realizado, não importando o quão pouco você possa receber, já que o faz pela identificação com a atividade, é bonito, sim. Mas com o tempo irão chegar os boletos, os custos que a vida adulta lhe impõe, e começa a aparecer um tipo de responsabilidade que tem peso financeiro.

Como disse: o trabalho "por amor" é bonito, mas pouco efetivo no longo prazo. As responsabilidades financeiras da vida adulta que não forem atendidas transformarão o amor em dor. Levarão você ao estresse, ao mau humor, à ansiedade e à depressão. Você certamente conhece pessoas que são ótimas no que fazem, amam o que fazem, mas parecem infelizes exercendo a profissão, sentem que não têm retorno pelo quão se dedicam e amam.

Existe diferença entre trabalhar COM amor e trabalhar POR amor. Você trabalha COM amor quando desempenha seu papel com dedicação, com zelo; quando seu trabalho está de acordo com seus valores. Você trabalha POR amor quando, ao desempenhar o seu trabalho, espera ser preenchido de alegria e satisfação consigo mesmo, mais enriquecido espiritualmente etc. Como escreveram Tony Schwartz e Catherine McCarthy (2018, p. 83): "Quando estamos tentando descobrir o que fazemos melhor e do que mais gostamos, é importante perceber que essas duas coisas não coincidem necessariamente."

Meu conselho é que faça o seu trabalho POR amor no início de carreira, mas planejadamente, para adquirir experiências e melhorar seu currículo. Fazer seu trabalho somente pelo prazer por muito tempo pode ser pouco produtivo para a sua carreira e nada saudável para você. Foi o que fiz no início de carreira. Eu gosto de ministrar aulas e, como precisava adquirir experiências, podemos dizer que trabalhei POR amor, por um tempo.

Segurança: este é outro fator importante. Mas quero deixar claro o tipo de segurança da qual estou falando. Estou falando de segurança financeiro-emocional (SFE). Este fator na decisão da carreira em educação é complicado, porque depende da relação entre o ganho e prazer.

Você já deve ter percebido que o GPS é um jogo de estica-encolhe. Você estica um, encolhe o outro; você estica o outro, encolhe um. A segurança emocional envolve muito disso, porque segurança financeiro-emocional é o estado da mente que lhe permite ter controle e clareza para a tomada de decisões dentro e fora da carreira.

Um trabalho em que você convive constantemente com a dúvida se permanecerá ou não no emprego não lhe oferece a SFE. Um emprego em que você ganha muito pouco, mas realiza com prazer, também não irá lhe proporcionar a SFE. Ambas as situações irão lhe colocar uma carga de estresse muito elevada. A primeira pelo medo do desemprego. A segunda por não honrar suas responsabilidades financeiras.

Portanto, ao planejar a sua carreira, pense no quanto vale a pena aquele ganho. Muita gente acaba tendo, como diz o ditado popular, "o olho maior que a barriga". Algumas instituições podem oferecer um salário altíssimo, mas não lhe dão a certeza de que você permanecerá no emprego, nem lhe dão suporte emocional. Possuem, geralmente, um ambiente de trabalho tóxico e de competições desleais.

Pense, também, em quanto vale a pena fazer as coisas da forma como você se sente plenamente realizado, porém sem retorno financeiro que lhe permita desfrutar a vida fora da profissão. Tenha em mente que o plano de carreira deve ter espaço para a sua vida extraprofissional: viagens, família, romances etc.

Os conhecimentos que estou lhe repassando neste capítulo são os caminhos das pedras que trilhei intuitivamente e busquei apresentar aqui de forma objetiva. A partir da compreensão sobre o planejamento pessoal de carreira, você poderá traçar os planos de sua carreira mantendo-a como sua principal carreira ou como uma carreira secundária, que aumente sua renda. Eu não poderei dizer o GPS ideal para você, porque isso depende de um equilíbrio inerente a cada pessoa. Cada um de nós saberá o quanto deve esticar ou encolher seu GPS. Por isso a importância de conhecer a si, como o conselho do oráculo em Delfos. *Conhece-te a ti mesmo!*

CAPÍTULO 4

MENTALIDADE: UM COMBUSTÍVEL INDISPENSÁVEL

"O homem é tão grande quanto a medida de seu pensamento." —NAPOLEON HILL.

Depois de passar por uma fase difícil, em parte causada pela falta de planejamento e por crenças limitantes, Raimundo Junior procurou dar a volta por cima. Resolveu que era hora de mudar as crenças sobre si mesmo e planejar aonde gostaria de chegar. Foi necessário desenvolver o autoconhecimento para compreender as próprias limitações. Meu amigo estava decidido a mudar de ramo profissional, não queria mais ser garçom e gostaria de atuar na sua área de formação.

O primeiro passo foi reconhecer a necessidade da mudança: "Eu preciso mudar." Depois, cultivar em si a coragem necessária para a tomada de decisão: "Vou mudar." Isso requer uma mudança nas suas crenças. Muitas pessoas querem alguma mudança, algum resultado diferente na vida pessoal ou profissional, porém não estão dispostas a estes dois elementos iniciais para produzirem os resultados diferentes que desejam: 1) admitir a necessidade da mudança; 2) tomar a decisão de mudar. Por esse motivo, é necessário compreendermos o nosso *mindset* e as nossas crenças. Mas o que são o *mindset* e as nossas crenças? Como eles nos afetam?

Somos seres biopsicossociais que, antes mesmos de nascer, já recebem as influências do mundo ao redor. Antes mesmo de você nascer, seus pais já começaram a influenciar você. Eles já comparam as roupinhas que você usaria quando bebê, os brinquedos, escolheram as cores do quarto; e hoje fazemos a mesma coisa com nossos filhos. Esse é o processo de socialização, responsável pela **internalização de formas de agir e pensar,** de acordo com o sociólogo Jean Baechler (1995). Ou seja, desde muito pequenos, começamos a receber as primeiras configurações da nossa mentalidade.

As teorias sociológicas clássicas mostram que a família é o principal grupo social de influência sobre nós. O escritor Jim Rohn defende a tese de que somos a média das cinco pessoas com quem mais convivemos. Portanto, isso significa que, durante muito tempo em nossas vidas, somos formados pela média da nossa família. Se você olhar bem para seus comportamentos e para sua forma de pensar, verá que em vários aspectos ainda se parece muito com seus pais. Isso significa que você enraizou as regras de comportamento do seu grupo social tão profundamente que, mesmo depois de muito tempo, elas ainda exercem influência sobre você.

É isto que o *mindset* significa: mentalidade (*mind* = mente; *set* = configuração); uma configuração, um condicionamento, uma forma de pensar com a qual fomos formados. No nosso dia a dia, é isso que chamamos, ainda, pelo nome de personalidade. Sofremos alguma influência da genética que influencia nossa produção hormonal, impactando muito nosso comportamento, é verdade, mas é o componente social que irá "modelar" nossos comportamentos.

A nossa personalidade nem sempre é como a enxergamos. Quase sempre temos uma visão fora do real de como é a nossa personalidade. Na verdade, muitos de nós apenas conhecemos o que acreditamos que ela seja. Você acredita que se comporta de uma maneira, mas as pessoas ao seu redor dizem que é de outra. Crenças! É nisso que se baseia a maioria das pessoas — nas crenças que tem sobre si, numa imagem que ela projeta sobre as coisas.

Na nossa mentalidade reside a nossa crença, um dogma, algo "imexível", que acreditamos com todas as forças que é isso que nos define. "Sou inteligente", "não sou inteligente", "sou criativo", "não sou criativo", "eu consigo fazer o que eu quiser", "eu não consigo realizar as coisas", "sou bonito", "sou feio", "sou proativo", "sou reativo" etc. Em outras palavras, no nosso subconsciente residem nossas crenças mais fortes, tão fortes que podem modelar o nosso comportamento.

A psicologia positiva, ramo da psicologia dedicado a investigar como a mentalidade pode afetar o sucesso dos indivíduos, tem apresentado dados significativos a respeito do chamado *mindset* no desenvolvimento pessoal. Apesar de só recentemente a ciência ter se debruçado sobre este aspecto da mente e da vida humana, o escritor Napoleon Hill já defendia que a mentalidade positiva, que ele chama de "fé" em seu livro *Quem Pensa Enriquece*, é um dos fatores responsáveis pelo sucesso das grandes mulheres e homens.

> "A mente subconsciente traduz em realidade um pensamento dirigido pelo medo, como traduz prontamente em realidade um pensamento dirigido por coragem ou fé" **(HILL, NAPOLEON, 2018, P. 78).**

De acordo com Gianini Ferreira (2019), o *mindset* é um padrão, memórias que a nossa mente utiliza para tomar decisões automáticas. Isso quer dizer que, durante nosso processo de socialização na infância, quando nossas crenças mais básicas são constituídas, formamos padrões de comportamentos que serão automaticamente acionados diante de determinadas situações. Carol Dweck, autora do famoso *Mindset: a nova psicologia do sucesso*, nos mostra que bebês não avaliam como humilhante ou extremamente difícil realizar coisas novas. Porém, como sociólogo, acrescento que isso ocorre até o momento em que o medo é socializado.

Medo ou coragem são valores que podem ser socializados. Quando evitamos que crianças se arrisquem ou que realizem pequenas tarefas porque podem se machucar, ou não as incentivamos a resolver por si mesmas brigas e desentendidos sem interferência de adultos, estamos condicionando seus cérebros. Sempre que dizemos a uma criança "não suba neste balanço, você vai cair", "não ande rápido nessa bicicleta, você pode se machucar", "não faça isso", "não faça aquilo", "você vai cair, vai se machucar, vai se arrepender" etc., estamos, sem saber, condicionando suas mentes para travar em situações de risco e mudança. Como diz Erasmo Carlos na música "Filho único": ***proteção demais desprotege e carinho demais faz arrepender.***

Isso não significa que devamos largar as crianças, os jovens ou qualquer pessoa à própria sorte, mas incentivá-los a se arriscar, a tentar o novo e a mudar, cientes de que, se caírem, estaremos ao seu lado, não para fazer por eles, mas para ajudá-los a tentar outra vez. Sociologicamente falando, a socialização nunca para, portanto estamos num processo de condicionamento ininterrupto da mente, embora existam os "programas" básicos. Isso quer dizer que, se fomos capazes de desenvolver um *mindset* que nos dificulta a progredir, somos capazes de condicionar um *mindset* que nos ajude a desenvolver.

> "Os mindsets nada mais são do que crenças. São crenças poderosas, mas são apenas algo que está em sua mente, e você pode mudar sua mente. Enquanto lê, pense aonde gostaria de ir e que mindset pode leva-lo até lá" (DWECK, CAROL, 2017, P. 24).

Carol Dweck nos mostra que existem dois tipos de *mindsets*: 1) um fixo; 2) e um evolutivo. Do ponto de vista da sociologia, acentuando a influência do meio social na formação da nossa personalidade, das nossas crenças, do nosso *mindset*, você pode crescer num meio social que alimente o *mindset* fixo ou o evolutivo. Conhece a anedota dos dois lobos? Imagine que você tem dois lobos lutando dentro de si. Um bom e pacífico, que apenas luta quando é provocado. O outro é cheio de ódio e sensações inúteis e que briga com todos. Os dois estão em constante luta para dominar o seu espírito. Qual dos lobos vencerá a luta? O que você alimentar mais!

O *mindset* fixo é uma mentalidade que teme ser posta à prova. É o que nos faz acreditar que somos o que somos e não mudamos. Essa forma de *mindset* não acredita em desenvolvimento das habilidades, mas crê que há um quantum de habilidades. Se você tem X de inteligência, não poderá ter, algum dia, X+1. Ou seja, é uma crença limitante. As crenças limitantes não dizem respeito apenas a aquilo que nos desenvolvem. Elas nos levam a cultivar hábitos que nos impedem de progredir.

Imagine que, desde a tenra idade, seu meio social internalize em você a crença de que planejar as coisas não dão certo. Que planejar é atividade chata e burocrática, e que o bom da vida é ser espontâneo e viver aquele momento sem se importar com o amanhã, afinal, você não sabe se estará vivo. Esse comportamento enraizado se transforma em hábito. Essa crença se torna uma crença limitante para fins profissionais e pessoais. Esse *mindset* se tornará um impeditivo para que você desenvolva metas e objetivos para a vida. Como diz Flip Flippen:

> *"Não importa quão formidáveis sejam nossos talentos; ficamos restritos por comportamentos que limitam nosso desempenho ou definem os motivos para nosso fracasso. Em outras palavras, nossas limitações pessoais determinam, em alguma instância, nosso nível de sucesso"* **(FLIPPEN, 2016, P. 13).**

Foi o que houve com Raimundo Junior. Suas crenças, seu *mindset* e seu comportamento diante das situações práticas da vida haviam se tornado limitantes. Desde muito cedo meu amigo aprendeu a comemorar as pequenas vitórias com álcool. Aprendeu que se relaxava, após um dia ou semana de trabalho, com álcool. Internalizou cedo que festa boa tem que ter álcool. Infelizmente meu amigo passou a ter um grave problema com isso. Raimundo Junior sempre foi excelente aluno, ótimo leitor e cinéfilo, porém não conseguia lidar com as frustrações, não sabia como reconhecer as suas limitações, e o álcool potencializava todas essas crenças ruins, ao mesmo tempo em que se alimentava delas.

Muitas pessoas querem alcançar o sucesso, mas não querem gastar a energia necessária para alcançá-lo. Muitas pessoas desprezam a habilidade de esforço para alcançar seus objetivos e o quanto isso nos faz evoluir, ao passo que romantizam um mundo onde as coisas "deveriam ser mais fáceis". Depois de superar o vício em álcool, um comportamento limitante, com origem em crenças limitantes, Raimundo Junior encontrou outra barreira para sua nova carreira como educador social. Meu amigo nunca havia ministrado aulas como educador social. Na verdade, como comentei anteriormente, ele não havia se interessado em adquirir as habilidades necessárias para atuação na área.

A oportunidade que aparecera para Raimundo Junior entrar na carreira em educação foi como educador social. No entanto, ele não fazia ideia de como atuava um profissional da área. A esse respeito, certa vez Raimundo Junior me disse: *Meu amigo, eu não tinha ideia do que fazia um educador social. Eu percebi esta lacuna na nossa formação. A universidade não havia me preparado para atuar como educador social, nem sequer havia me dito que esta era uma possibilidade. Além disso, eu percebi que havia um certo preconceito com homens serem educadores sociais.*

No entanto, Raimundo Junior estava disposto a começar na nova carreira. Estudou sozinho, buscou aprender, ler, assistir vídeos, buscou fóruns, grupos de estudos etc. Quando fez o teste para ocupar a vaga, disputou-a com uma mulher — preferência no mercado, de acordo com Raimundo Junior — e conseguiu. O que mudou? As crenças e os hábitos de Raimundo Junior. É importante, como as teorias de desenvolvimento pessoal frisam, você acentuar os seus pontos fortes; porém, se não trabalhar suas limitações, estará sempre preso ao solo e não voará. Se meu amigo não tivesse cultivado uma mentalidade positiva, hoje, ele não seria um exemplo de superação.

A mentalidade é um combustível indispensável para que alcance suas metas. Napoleon Hill nos mostra como este é um dos segredos dos homens de sucesso. A psicologia positiva nos mostra como este é um elemento indispensável para as realizações pessoais e profissionais. Porém, como desenvolver esse tipo de mentalidade, esse *mindset* evolutivo, que impulsiona a realização?

Você deve se lembrar de que, no início deste livro, quando falei do princípio 3 em 5 de planejamento, falei da importância da resiliência como pilar para um bom plano pessoal de carreira. A razão é que resiliência é uma capacidade de suportar situações de grande estresse, lhe permitindo passar pela adversidade mantendo a capacidade inicial ou aprimorando-se.

Os mestres da mentalidade resiliente, capazes de superar a adversidade e autodesenvolver-se, foram os filósofos estoicos. Os estoicos herdaram a concepção de bem viver, de felicidade aristotélica, em que a justa medida, o equilíbrio entre as coisas, é o que leva a uma vida bem vivida. Os estoicos chamavam esse equilíbrio de *ataraxia*: uma postura de resiliência, de serenidade, diante das situações da vida. O homem estoico não deve se empolgar demais com os acontecimentos nem se desesperar demais com eles. A pergunta que os estoicos se fizeram foi: quais comportamentos devo assumir diante das situações para que eu tenha uma vida mais plena?

Para os estoicos, a natureza possui uma harmonia, um *cosmos*, sendo assim, a felicidade é alcançada quando vivemos de acordo com a natureza. Isso significa que devemos aceitar a natureza das coisas no universo. Este é um dos grandes segredos para que você comece a adquirir uma mentalidade mais resiliente: devemos assumir uma postura de aceitação diante da natureza das coisas.

A primeira coisa que você deve aceitar é que há situações que estão sob seu controle e situações que não estão. Se for da nossa natureza sermos emocionais e instintivos, devemos aceitar esse fato, porém é igualmente verdade que somos racionais e, portanto, devemos aceitar esse fato. Por esse motivo, devemos aceitar os nossos sentimentos e desejos, mas passá-los no escrutínio da razão. Você não pode controlar as adversidades externas, mas tem controle de seu comportamento diante das adversidades. Não temos controle sobre as doenças, não controlamos os vírus, as bactérias e outros patógenos — a pandemia de coronavírus é prova disso. Contudo, podemos controlar nossos hábitos em relação às doenças. Você não controla o diabetes, mas pode assumir hábitos mais saudáveis que podem evitá-lo ou tratá-lo. Uma pessoa que não aceite a doença e o fato de que pode adoecer tentará controlar o que não pode ser controlado. Terá, portanto, dificuldades diante da adversidade.

A pergunta que eu faço é: **você está preparado para aceitar as coisas como são?** Está preparado para aceitar o fato de que pode não ser tão qualificado quanto imagina? Aceitar que pode não possuir as habilidades e competências que o mercado de trabalho solicita? Se não estiver preparado para aceitar esse fato, você dificilmente passará por adversidades sem grandes problemas. Meu amigo aceitou duas coisas para "dar a volta por cima": 1) aceitou que possuía um problema com o álcool; 2) aceitou que não possuía as habilidades necessárias para ser um educador social. Sem a aceitação desses fatos como são, Raimundo Junior não poderia ter feito a pergunta estoica da mentalidade resiliente: que comportamentos eu devo assumir diante desses fatos para ter uma vida mais plena? Foi assim que superou as adversidades "dando a volta por cima" e alcançando seus objetivos naquela ocasião.

Quando estão lidando com suas carreiras, muitas pessoas não aceitam o fato de que devem ter controle de hábitos e comportamentos, mas não possuem o controle do mercado de trabalho. Você pode não controlar o mercado de trabalho, pode não controlar quais habilidades o mercado exigirá de tempos em tempos, mas você pode assumir hábitos que o ajudem quando uma adversidade acontecer. Pode fazer cursos de atualização, ter um plano pessoal de carreira, criar networks etc.

Quero adverti-lo que aceitar é diferente de acostumar-se. Acostumar-se pressupõe uma inércia diante das coisas; a aceitação, no entanto, é a **não negação** delas. O indivíduo que se acostuma teme, inclusive, a mudança e a saída da própria adversidade. Ao se acostumar, o indivíduo vai contra a própria natureza, pois é da natureza do ser humano se desenvolver e desenvolver suas potencialidades. Ou seja, acostumar-se é a negação do potencial de si, é cair no que comumente se chama de zona de conforto. A zona de conforto é uma falsa aceitação da realidade; ela é, na verdade, a negação das virtudes humanas.

É da natureza humana se desenvolver, devido à natural capacidade criativa e racional que, científica e filosoficamente, até onde temos evidências, nos distingue dos demais animais. É por essa razão que somos seres virtuosos, ou seja, possuímos virtudes, capacidades racionais de comportamentos direcionadas ao bem viver. Quando os estoicos se questionam sobre quais comportamentos devem assumir, estão se questionando quais virtudes devem cultivar. Ou seja, que valores morais são indispensáveis a uma vida bem vivida.

Virtude, amigo leitor, é potência. Você e eu somos possuidores de virtudes e, portanto, somos possuidores de uma potência. Somos potencialmente aquilo que mais buscamos. Os filósofos são, como dizem os filósofos Deleuze e Guattari (2010), em potência, a sabedoria, porque é a ela que aspiram. Desenvolver a sua potência, estar alinhado com seus valores e agir de acordo com eles fornecerão a capacidade necessária para converter as adversidades ao seu favor.

No entanto, há pessoas que possuem muitas dificuldades para converterem as adversidades a seu favor. Há pessoas que, no mínimo de dificuldade, se abatem e desistem. Você deve concordar comigo que pessoas que se comportam dessa forma não possuem um *mindset* de crescimento e que lhes falta ser mais estoicas. Você sem dúvida já ouviu pessoas reclamarem "mas não é fácil!". Eu pergunto: o que é fácil? De acordo com Carol S. Dweck (2017, p. 14) pessoas de *mindset* fixo acreditam "que suas qualidades são imutáveis" e, portanto, "não lhe agradaria parecer ou sentir-se deficiente quanto a essas características fundamentais".

Isso significa que pessoas que não cultivam uma mentalidade de crescimento não se colocam à prova, pois isso pode fazer com que suas crenças mais básicas sobre si mesmas sejam rejeitadas socialmente. São pessoas que preferem a desculpa a se lançar aos desafios de desenvolver-se. "Se eu quisesse, eu faria", "mas, não é fácil", são as desculpas que desvelam uma fatídica verdade: **o medo da frustração.**

A cultura do *self* tem feito com que as pessoas estejam imersas em um algoritmo não apenas nas redes sociais, mas na vida fora das redes. Criamos a ilusão de que o eu é o centro do universo, que tudo deve curvar-se à nossa vontade. A cultura do *self* se esqueceu, entretanto, de combinar isso com o restante do cosmos. Embora o algoritmo tenha feito a maioria das pessoas acreditarem que somente seu ponto de vista está certo, que suas preferências são as melhores, que sua forma de amar é a verdadeira, quero adverti-lo de que não é. E dessa crença pós-moderna decorre um problema gravíssimo: *a baixa tolerância às frustrações.*

Se acreditar que você é mais lindo, o mais inteligente, que tudo — para você — deve dar certo, como vai reagir quando as coisas não ocorrerem conforme a sua crença? Pessoas que não conseguem suportar a ideia de que fracassam, de que estão erradas, de que escolheram mal — certamente, você conhece o tipo — têm maior probabilidade de se frustrarem. Sempre que alguma coisa dá errado, elas nunca têm nada a ver com isso, a culpa é sempre de terceiros. O mundo altamente conectado tornou muitas pessoas incapazes de aceitar que as coisas ocorrem de forma diferente do que o nosso algoritmo das redes nos mostra.

A baixa tolerância às frustrações decorre diretamente do problema da não aceitação. São cada vez mais frequentes as pessoas que não querem assumir que são as responsáveis pela própria caminhada e apenas esperam que as coisas deem certo. Do contrário, desistem ou nem tentam. Desistem porque, como se acostumaram com a ilusão de que são o centro de tudo e tudo deve estar a favor delas, nunca desenvolveram o desejo de superarem a si mesmas. Ou nem mesmo tentam, para não experimentar a sensação de fracasso.

Quero dizer que você precisa aumentar sua capacidade de tolerar as frustrações. Conheci muitos jovens professores que, assim como eu, ao experimentarem a primeira dificuldade na carreira, a abandonaram. Ou, por não passarem no primeiro concurso público para professores, não quiseram mais e passaram a falar mal de concursados. Outros que nem tentaram, porque fizeram disso uma crença limitante. O próprio Cristo pede que aumentemos a nossa tolerância à frustração, como relata o profeta João (16:33), "no mundo tereis atribulações; mas tende bom ânimo…"

Você precisa estar ciente de que deve persistir, pois raramente as coisas dão certo na primeira vez. Como relatei no começo deste livro, minha situação não era das melhores: tornar-me pai sem ter planejado, encarei a possibilidade de ser jubilado pela universidade, subempregado etc. A frustração poderia ter me dominado. Mas eu pensava comigo: "Vou ser pai, não tem mais nada para fazer em relação a isso... Ok. Mas eu posso fazer algo quanto às outras coisas". Como diz o imperador Marco Aurélio:

> *"Não te desgostes, nem te deixes abater, nem desistas se não é frequente conseguires agir em cada situação com base nos princípios corretos; mas depois de barrado ou desviado no que se refere a isso, volta e continua insistindo e aceitando a situação com alegria..."* **(AURÉLIO, MARCO, 2019, P. 59).**

Há poucos anos eu estava atuando no Instituto Federal do município de Óbidos, região do Baixo Amazonas no estado do Pará. Eu aguardava uma possibilidade de ser transferido para próximo da minha família e da família de minha esposa. Contudo, a transferência se dá por meio de análise de currículo quando a vaga pretendida aparece. Candidatos que pretendem concorrer àquela vaga devem apresentar seus currículos a uma banca que os examina de acordo com critérios de pontuação estabelecidos por um edital.

Soubemos que um edital de transferência estaria por abrir. Coloquei como meta alcançar a maior pontuação para poder ser transferido, e para isso comecei a escrever e publicar artigos e capítulos de livro, desenvolver pesquisas e realizar diversas outras atividades que melhorassem meu currículo para a instituição. Um amigo professor de Engenharia, que também gostaria de ser transferido, questionou-me por que eu estava tão empenhado. Por acaso eu teria alguma informação privilegiada? Não, respondi. Então, por que eu me empenhava? Eu lhe disse que tinha convicção de que haveria uma vaga de professor de Sociologia para a transferência. Ele insistentemente inquiriu: e se não houver? Se não houver, lhe respondi, então eu estarei me desenvolvendo como profissional em minha área, afinal, eu escolhi essa carreira e, além disso, estarei preparado para quando uma vaga abrir. Eu havia aceitado a possibilidade de dar errado, e isso já havia me condicionado a ser tolerante à frustração.

Ele então me disse que gostaria de ter a mesma certeza que eu possuía e se dedicar para também ser removido para outro campus. Ele não fazia por ter medo de se frustrar. Já estava passando por vários problemas profissionais e pessoais e não aguentaria mais uma frustração. Passei a incentivá-lo a fazer igual, convidei-o a publicar trabalhos em conjunto. Eu dizia: "Tenho certeza de que vai abrir uma vaga para você próximo da capital." Aos poucos ele se entusiasmou e passou a pensar que, se não houvesse uma vaga para a sua área de atuação, estaria preparado para quando uma possibilidade aparecesse e, também, estaria se desenvolvendo. Passamos, então, ao incentivo mútuo para melhorar os currículos. Para nossa alegria, quando o edital foi lançado, abriram vagas para professor de Sociologia e de Engenharia próximas à capital.

Fomos os primeiros colocados para as nossas vagas. Certa vez, poucos dias após o resultado, meu amigo me disse: "Eu gostaria de ter essa sua fé. Não havia indícios de que existiria uma vaga, e você estava trabalhando convicto de que teria a vaga." Ele me disse que minha fé de que as vagas estariam lá o contagiou. Essa história é para mostrar a você mais um elemento importante para uma mentalidade que o ajude a superar as dificuldades: a fé.

Não estou tratando aqui de uma fé religiosa em uma deidade, necessariamente, porém pode sê-la. Falo de uma vontade, uma reserva de força em si mesmo, ainda que apoiada em algo superior, na qual possa buscar energias quando achar que não as possui mais. Alguns podem chamar de otimismo exagerado, de mente positiva ou espiritualidade, não importa, se você não tiver essa certeza, você não terá ânimo. Como diz Napoleon Hill:

> *"fé... significa ter confiança, acreditar, ter uma crença inabalável de que você é capaz de fazer alguma coisa... A menos que tenha total e absoluta confiança, a menos que esteja convencido sem nenhuma questão, você não tem fé"* (HILL, NAPOLEON, P. 70, 2018).

Como diz o ditado, **se você não acreditar em você mesmo, nas coisas que você quer e pode realizar, quem irá acreditar?** Há muito tempo ouvi a seguinte anedota cômica: dois irmãos gêmeos, iguais em tudo, exceto na personalidade, fariam aniversário. Um era pessimista e outro era otimista. O pai resolveu presenteá-los. Ao pessimista deu uma bicicleta, ao otimista deu uma lata de esterco. O irmão pessimista ao ver a bicicleta começou a reclamar:

- O quê? Uma bicicleta? Eu não queria uma bicicleta. E agora? Eu vou cair. Minha namorada vai cair da bicicleta. Vão querer me assaltar da bicicleta. Que azar! — O irmão pessimista para evitar todo o desastre resolveu nunca andar de bicicleta.
- O irmão otimista, por sua vez, ao ver o que tinha ganhado, disse: ganhei um cavalo, você o viu por aí? Você o viu por aí? Vou me matricular numa aula de equitação. Vou aprender a cavalgar e poderei até participar das Olimpíadas. Vou precisar, também, aprender veterinária para cuidar dele. — O irmão otimista acreditou tanto possuir um cavalo que desenvolveu diversas habilidades.

Perceba que, quanto mais positividade você tiver em relação a algo, quanto mais você acreditar que o resultado está perto, quanto mais fé você tiver de que está alcançando seus objetivos e de que irá alcançá-los, mais empenho você terá em fazer aquilo a que se propõe. Contudo, não conheço ninguém que, desmotivado, achando que não dará certo, faça algo com empenho. Se você acreditar que não importando o quanto se dedique não será um aluno ou profissional melhor do que já é, realmente não será, pois não acreditará que haja alguma recompensa, material ou moral. Se você não sabe como desenvolver essa fé, essa crença positiva e inabalável, recomendo que siga o conselho de Napoleon Hill: se autossugestione.

Meu conselho é que, antes de fazer algo que considere importante para a realização de um objetivo, procure um local em que você fique só e diga a si mesmo, de preferência em voz alta: "Você consegue!", "Você pode fazer isso", "Este é só o primeiro passo, não desista". Pode parecer conversa de doido, no entanto:

> *"A autossugestão é como você pode alimentar seus pensamentos criativos ou subconscientes, ou pode, ao negligenciá-los, permitir que pensamentos de natureza destrutiva encontrem o caminho para o rico jardim da mente"* **(HILL, NAPOLEON, 2018, P. 98).**

Lembre-se da parábola dos lobos; neste caso, vencerá a autogestão que você mais alimentar. Quanto mais autossugestionar que não conseguirá, menos dedicação e direcionamento à realização suas ações terão. Porém, quanto mais você se autossugestionar que é "o cara" ou "a cara", mais dedicação e direcionamento à realização suas ações terão. Parafraseando o conhecido ditado: ***mente vazia é oficina do fracasso!***

Portanto, para estimular uma mentalidade de crescimento, é importante que desenvolva a resiliência como os estoicos fizeram. Comece por aceitar a realidade como é, nem mais nem menos, aceite que tem coisas que você controla e outras que não controla. Procure compreender seus valores e virtudes e, dessa forma, desenvolver suas potencialidades conforme a natureza de cada uma. Aprenda a se frustrar, amplie a sua tolerância às frustrações, saiba que dificilmente as coisas dão certo na primeira tentativa, mas você não deve desistir, deve avaliar onde errou e se aprimorar a partir dos seus erros. Não se esqueça de cultivar uma fé, a firme certeza de que as coisas darão certo para você. Um pensamento positivo, esperançoso — e não fantasioso — nos ajuda a ficarmos estimulados. Afinal, se a fé move montanhas, não vamos desperdiçar essa energia.

Para auxiliá-lo em alguns desses passos para estimular uma mentalidade de crescimento, faça os seguintes exercícios quanto à aceitação do que você pode ou não pode controlar. Este exercício vai ajudá-lo a visualizar como pode agir para desenvolver de maneira mais efetiva e, talvez, estoica, seu plano de carreira, inclusive para ampliar sua tolerância às frustrações em sua carreira e liderança profissional.

QUADRO DE ACEITAÇÃO E TOLERÂNCIA A FRUSTRAÇÕES

ESFERAS DA VIDA	TENHO CONTROLE	NÃO TENHO CONTROLE
Vida profissional (formação, estudos, aprendizado etc.).		
Relacionamentos pessoais (casamento, namoro, relacionamentos familiares e até profissionais).		
Cuidado e bem-estar (saúde física e mental, aparência).		
Lifestyle (estilo de vida, hobbies, finanças, rotina etc.).		

QUADRO DE VALORES MENTAIS

ESFERAS DA VIDA	VIRTUDES/ VALORES
Vida profissional (formação, estudos, aprendizado etc.).	
Relacionamentos pessoais (casamento, namoro, relacionamentos familiares e até profissionais).	
Cuidado e bem-estar (saúde física e mental, aparência).	
Lifestyle (seu estilo de vida, hobbies, finanças, rotina etc.).	

2 PARTE

ENCONTRANDO O CAMINHO NA CARREIRA DE EDUCADOR

CAPÍTULO 5

GPS PEDAGÓGICO: GANA POR ESTUDAR, PERFIL PEDAGÓGICO, SISTEMA DE VALORES

"Mesmo que já tenhas feito uma longa caminhada, há sempre um novo caminho a fazer." — SANTO AGOSTINHO

Você já percebeu que o autoconhecimento é chave para compreender os caminhos da educação para quem quer ser um professor de sucesso. "Conhece-te a ti mesmo e conhecerá o universo e os deuses", teria dito Sócrates, o maior filósofo de todos. Por isso é necessário que você compreenda mais um GPS, para que quando estiver em uma sala de aula, ou auditório, possa saber exatamente onde está pisando e como está pisando, e o mais importante, o que está fazendo ali. Ao longo destes anos como professor, descobri que é difícil orientar alunos, ajudá-los a chegar a algum lugar se primeiramente você, educador, não souber aonde quer chegar como profissional.

Percebi que na docência, assim como em qualquer área, é fácil nos perdermos em cavernas e viver de penumbras, olhando as sobras que se movem na parede, e achar que estamos realmente sendo educadores. Assim como no mito da caverna de Platão, é importante que tenhamos coragem, uma coragem motivada por uma curiosidade epistemológica, como escreveu Paulo Freire (2016), um tipo de curiosidade que nos leva ser educadores porque, primeiramente nos leva a ler o mundo fora da caverna. E uma vez lido este mundo, queremos que outros o leiam.

No entanto, sair da caverna pode ser difícil. Por vezes, fazemos da caverna um labirinto. Se você já sabe onde sua carreira deve estar devido ao GPS de Planejamento Pessoal de Carreira na educação que apresentei a partir do método 3 em 5. É importante compreender como, e por onde, você deve caminhar quando estiver na sala de aula.

Quando comecei a ministrar aulas, uma amiga de infância trabalhava junto comigo como professora. Contudo, ela era muito insegura quanto ao modo como ela deveria ministrar aulas, que tipo de exercícios deveria passar, se deveria cobrar mais ou menos dos alunos, ser uma professora descolada ou rígida... Essas e outras perguntas são normais durante a carreira. No início da carreira porque estamos nos descobrindo como profissionais, no decorrer da carreira porque precisamos sempre nos reinventar como tais.

Quando essas perguntas ocorrem no início da carreira, geralmente, tentamos imitar algum professor. E este é um erro muito comum. Isso geralmente ocorre por não estarmos orientados o suficiente e por não nos conhecermos profissionalmente o suficiente. Gradativamente passamos da imitação para a modelagem.

Com a modelagem, passamos a criar a nossa forma de ministrar aulas. E isso ocorre porque com o passar do tempo vamos nos conhecendo mais profissionalmente. Dessa forma, largamos a imitação para dar lugar a aprendizagem pragmática. Absorvemos, consciente ou inconscientemente, aquilo que achamos interessante em um profissional modelo, e modelamos isso em nós, utilizando essas habilidades à nossa maneira.

Porém esse processo pode ser lento e durar anos, pode levar tanto tempo que, talvez, você se frustre antes mesmo de alcançar a transformação de si. É para diminuir essa curva de aprendizado que quero passar a você o que descobri com a minha experiência nesses mais de dez anos de docência.

O que quero apresentar é um tripé para autoconhecimento didático-pedagógico. É um tripé didático-pedagógico que, acredito, servirá para auxiliá-lo a compreender de que forma você quer conduzir o seu aluno. Ou seja, você precisa se conhecer didático-pedagogicamente, primeiramente, antes de procurar conduzir o educando.

Minha experiência com a sala de aula me mostrou que existem três características importantes para a descoberta do seu caminho didático:

1. Gana por estudar.
2. Perfil pedagógico.
3. Sistema de valores.

Esse tripé lhe permitirá descobrir de que forma usar as diversas ferramentas pedagógicas, o quanto cobrar de si e dos seus alunos.

GANA POR ESTUDAR

O filósofo da educação Paulo Freire (2016) diz que todo professor deve ser, primeiramente, um pesquisador. Deve ser alguém que, motivado por uma curiosidade epistemológica, busque compreender o mundo e os homens ao seu redor. Dito de forma não tão sofisticada, porém pragmática para a compreensão: *o educador deve ter e manter uma gana por estudar.*

Você, educador, deve possuir uma gana, uma vontade, por conhecer cada vez mais. E eu não falo de diplomas e certificados. Falo da vontade de aprender coisas novas. Vivemos em um mundo de constantes mudanças, que afetam nossos cotidianos. Que atacam nosso dia a dia com várias informações. E, também, transformam a nossa área de formação. Como diz Jacquie Turnbull (2009, p. 17): "Com a expansão da 'sociedade do conhecimento', uma profissão já não pode mais reivindicar um conjunto de conhecimentos exclusivos e reservados."

Existem todos os dias uma infinidade de descobertas. E uma infinidade de coisas novas acontecendo. Não importa o quanto estejamos conectados, sempre estaremos atrasados em relação a algo. Por isso é importante que tenhamos gana por estudar, essa vontade de permanecermos atualizados e bem informados sobre os assuntos.

Se, além disso, conseguir verticalizar sua formação, melhor ainda. Mas esteja sempre estudando. É a gana por estudar que o fará desenvolver coisas novas, relacionar conhecimentos diferentes, observar fenômenos por ângulos diferentes. E você e os alunos ganharão com isso.

Eu já ouvi vários professores dizerem que "não têm saco" para ficar estudando formas novas de dialogar o conteúdo, ou cursar uma especialização ou mestrado. Esse profissional está completamente descompromissado consigo mesmo e com a educação. Ele não irá estimular o aluno, pode ter certeza disso. Não é um imperativo que você verticalize sua formação, mas é um imperativo que adquira novas habilidades e competências em sua área.

Quando você diz ao aluno que está estudando formas novas de trazer o conteúdo para a sala de aula, o simples fato de mencionar isso já os estimula. Quando o aluno, então, escuta que o professor é um ESPECIALISTA em tal assunto, ou que é MESTRE, e quando descobre que mestre é um nível acima de especialista, ele já olha para o professor de forma diferenciada. Ele pensa: "Estou aprendendo com um especialista, com um mestre."

Mas se você não tiver a gana por estudar, de nada adiantarão os títulos de especialista e mestre. Existem profissionais que, possuindo apenas a graduação, possuem tanta gana por estudar que estão sempre se atualizando, se aprimorando, pesquisando novas formas de dialogar o conteúdo, para realizarem o seu trabalho de forma mais eficiente a ponto de transparecem isso de tal forma que engajam alunos em suas aulas e se tornam profissionais indispensáveis para a instituição. Conheci alguns profissionais assim.

Convivi, também, com profissionais que, tendo títulos, não tinham gana por estudar, acreditavam que os títulos bastavam para estar nas salas de aulas. No início, seus títulos soavam como um grande estímulo aos alunos, mas logo os alunos se desencantavam, porque esses educadores não se atualizavam quanto às formas de dialogar com o educando, não se preparavam para lidar com assuntos que não dominavam. Como consequência, as instituições privadas os viam como substituíveis, e nas públicas, como não podem ser demitidos, vistos pelos alunos como professores "enrolões".

A gana por estudar pode contagiar ou desmotivar os alunos. E a razão é que, com o passar dos anos, poucos profissionais a mantêm. Muitos a perdem nos primeiros anos de profissão. Caindo na zona de conforto, eles pensam: "Eu vou falar desse conteúdo aqui, depois passo um trabalho e pronto." Mais raros ainda são os que a redescobrem e, a partir disso, se refazem como profissionais.

PERFIL PEDAGÓGICO

Você, assim como eu, já foi aluno — talvez ainda seja —, então com certeza já percebeu que os professores são bem diferentes uns dos outros. E o que os torna diferentes é o perfil pedagógico. O perfil é um conjunto de características que descrevem alguém (perfil físico, perfil psicológico, perfil profissional etc.). Qual é o seu perfil?

Essa é uma pergunta importante para muitos profissionais de RH na hora de contratar alguém. No nosso caso, a pergunta é: qual o seu perfil pedagógico, o seu perfil de educador? O conhecimento dessas características é fundamental para compreender como podemos agir profissionalmente.

Nossas características personalísticas interferem bastante na nossa vida profissional. A personalidade é um conjunto de características psicológicas que nos distingue das demais pessoas. Nossa personalidade é adquirida genética e socialmente. Alguns autores da psicologia, como Kurt Lewin (1975), desenvolveram uma teoria na qual o comportamento de uma pessoa é influenciado pelas circunstâncias da vida, que ele chamou de campo total. O psicólogo Gordon Allport (1973) defende que as pessoas se comportam de maneiras diferentes em situações diferentes.

Em outras palavras, se você for muito extrovertido, sério ou certinho, essas características certamente irão interferir na sua didática, e não há nada de errado nisso. O problema está em não reconhecer qual o seu perfil, ou seja, a característica que deve prevalecer no contexto da sala de aula.

Com base na minha experiência, eu caracterizo quatro grandes modelos de perfis pedagógicos de professor:

Professor Sério/sisudo

Este perfil de professor assume uma postura mais rígida, quase inflexível diante das situações. É tipo de professor que não tolera barulho ou conversas, fala pouco e de forma ríspida, procura manter um distanciamento pessoal dos alunos, e ao menor sinal de "bagunça" age coercitivamente.

- Os pontos fortes deste perfil são que ele é bom para disciplinar a turma, ajudá-la a assumir foco e controlar ânimos muito exasperados de alunos. É sempre uma medida radical, mas a verdade é que mandar um aluno para uma conversa com a coordenação quase sempre faz com que a turma se comporte o restante da aula.
- O ponto fraco é que este perfil tem maior dificuldade em compreender as necessidades emocionais da turma. Por não gerar empatia, ele pode não perceber as dificuldades por qual um aluno ou grupo de alunos pode estar passando. Seu jeito fechado tende a inibir a proatividade. Este perfil, se não conduzido adequadamente, tende a deixar os temas das aulas maçantes e chatos, e pode passar a impressão de que a aula está se arrastando.

Professor extrovertido

Este perfil é o oposto do professor sério. É o professor brincalhão, conversador, que gosta de barulho, fala alto, quase gritando, e é tolerante com várias situações, quase sempre de maneira exagerada. Gosta de estar próximo dos alunos e cria um clima agradável de comunhão.

- O ponto forte deste perfil é que ele tem a capacidade de gerar empatia na turma, e isso permite que ele se aproxime dos educandos e descubra os problemas emocionais que interfiram na aprendizagem. Este professor tem a tendência de deixar a aula mais leve com brincadeiras e conversas, seu jeito mais alegre e "pra cima" tende a estimular os alunos a serem mais proativos.
- Os pontos fracos deste professor é que a tolerância exagerada pode fazer a turma sair do controle, e, frequentemente, a sala de aula virar uma bagunça generalizada. A sua tolerância e extroversão podem, ainda,

inconscientemente, passar a ideia de ser um professor que "não está nem aí" e deixa tudo acontecer. É fácil este professor se perder nas conversas paralelas que suas brincadeiras incentivam, e isso comprometer avaliações mais objetivas da turma. Apesar de tornar a aula mais leve e agradável, perder o controle pode tornar a aula nada atrativa em termos de aprendizagem. Ficará conhecido como o professor que não ensina, apenas brinca.

Professor certinho

Este é o perfil de um professor que aparenta entrar em sala de aula com um manual passo a passo. Busca seguir à risca todas as recomendações das cartilhas da escola. É um perfil que mantém um distanciamento emocional dos alunos por medo de se aproximar e isso parecer errado. Se o aluno se atrasa ou esquece a atividade, ele atribui falta, porque é o certo. É o professor que segue o livro e o conteúdo programado à risca.

- O ponto forte deste professor é a organização. Ele mantém todos seus diários atualizados e cumpre aquilo que a escola gostaria que ele fizesse. Ele é bom para orientar alunos em trabalhos e ajudá-los a cumprir prazos para atingir metas.

- O ponto fraco deste perfil é que ele se coloca sempre "entre a cruz e a espada", e pode parecer apático e inseguro por ter que, sempre, consultar terceiros para saber a decisão correta a tomar. Sua inflexibilidade e dificuldade de se adaptar às mudanças, por não estarem no script do que deve ser feito, podem dificultar sua didática. E sua dificuldade de quebrar pequenas regras como "prazo de trabalhos" e "vistos em cadernos"
pode gerar antipatia por parte dos alunos e, dessa forma, não estimular a proatividade. Além disso, ele pode tornar a aula enfadonha e sem maiores atrativos. É o famoso professor chato.

Professor treinador

Este é professor de alta performance. Ele acredita em decorar e fixar conteúdo. Gosta de repetições e de pôr em prática os conteúdos estudados, de maneira exagerada algumas vezes. Por isso é o tipo de professor que adora atividades que exercitem o conteúdo. Seu lema é "a prática leva à perfeição", e ele não está errado! É um professor de características flexíveis, mas é bastante exigente com os alunos.

- O ponto forte deste perfil é que ele é ótimo para preparar alunos para provas e testes avaliativos. Ele tem a capacidade de levar o aluno a aperfeiçoar o conhecimento, ainda que seja para uma situação momentânea. Ele também ajuda a criar na turma a disciplina para o estudo com a prática e, dessa forma, cria proatividade (no começo).
- O ponto fraco é que sua exigência exagerada pode pressionar demais os alunos e esgotá-los mentalmente. Suas extensas listas de exercícios, além de cansar os alunos com as repetições, podem levar a uma decoreba desnecessária, e não a um aprendizado efetivo. O cansaço provocado pelos treinos excessivos pode, gradativamente, diminuir a proatividade dos alunos.

SISTEMA DE VALORES

Somos indivíduos psicossociais e, portanto, possuímos um conjunto de princípios e normas que orientam nossos comportamentos, incluindo nossos comportamentos profissionais. A este conjunto de princípios, damos nome de ética.

Cada profissão tem a sua ética, um sistema de valores que orientam o comportamento, e cada indivíduo também possui uma ética, embora ambas (ética pessoal e ética profissional) estejam em conformidade com a ética maior da sociedade em que se está inserido. A ética, portanto, orienta nossos comportamentos em relação aos outros.

Os valores morais são os comportamentos propriamente ditos. E nenhum desses valores nasce conosco, porém são aprendidos por nós. Portanto, todos os valores são sociais, e aprendemos esses valores por meio da convivência. Ao conviver, estamos assimilando, de forma inconsciente, o que está à nossa volta. Aprendemos a pensar e a nos comportar como a nossa família porque estamos o tempo todo convivendo com ela e aprendendo quais princípios devemos valorar e modelar em nós. Mesmo que não queiramos, somos forçados a isso.

Durante muito tempo, os valores sociais foram responsabilidade da família, e a escola era vista apenas como um espaço que complementava a educação. A educação moral era dada em casa, no seio familiar, e a educação formal e científica pela escola. Contudo, a sociedade está em constante transformação e, hoje, a sociedade cobra que a escola ensine valores aos alunos.

Tenha em mente que o sistema de valores reflete no perfil pedagógico. É verdade que é por meio do seu perfil pedagógico que você desenvolverá uma socialização com seu aluno. Mas é o seu sistema de valores que coordenará, quase inconscientemente, essa relação.

Você irá conviver com os alunos durante, no mínimo, duzentos dias por ano. Sociologicamente falando, haverá o desenvolvimento dos chamados laços fortes, o que indica, teoricamente, maior capacidade de influência entre as pessoas nessa interação.

Com frequência vemos alunos que passam a gostar de determinado tipo de música, roupa, literatura etc. por influência dos professores. Alunos choram quando um professor querido vai embora. E por que isso ocorre? Porque um laço forte, capaz de influenciar comportamentos, foi formado e, quando esse laço é cortado, é natural sentirmos falta dele.

O que quero dizer é que você deve conhecer o seu sistema de valores para compreender o impacto que ele pode gerar no seu aluno e na escola. Certa vez a mãe de um aluno me ligou preocupada com o filho. Ela queria que eu a ajudasse com o rapaz, pois, por influência de um profissional da educação onde eu trabalhava, o filho começou a se tornar um negacionista e terraplanista. Ela reclamava que, agora, o filho de 16 anos só lia livros e outros materiais, bem como assistia a vídeos, com esse tipo de conteúdo.

Profissionalmente, levamos esses valores para a sala de aula. E, mesmo que não percebamos, os transparecemos. Você deve conhecer seus valores, e mais que isso, apresentá-los à turma. Diga "eu sou um professor pontual (se você o for), gosto de pontualidade nos trabalhos", porém saiba que deve haver limites para que seus valores não sufoquem outros. Então complemente sua fala com: "Porém não se preocupem porque, caso imprevistos aconteçam, eu estarei aqui para ajudá-los".

Além de conhecer seus valores, você deve saber escolhê-los. Lembre-se de que não nasceu com eles. Eles foram aprendidos. Se você aprendeu pode, também, desaprender, assim como pode aprender novos valores. Livre-se de valores negacionistas e preconceituosos, e cultive valores que agregam diversidade e busca por mais conhecimento com responsabilidade.

Pense, por exemplo, que um professor tenha como um valor a decência. Porém, para esse professor, decência significa não ser homoafetivo, então para ele não seria decente um homem abraçar ou beijar outro homem. Agora, imagine que na turma haja dois alunos homossexuais. Claramente haverá um choque de valores com o qual o professor deverá lidar.

Pense que os sistemas de valores pessoais diferem de grupo social para grupo social. Imagine que seu sistema de valores pode não ser compatível com uma escola confessional, por exemplo, ou, ao contrário, não seja compatível com uma escola laica (não confessional).

Não se permita, como educador, agir de maneira etnocêntrica e supor que seus valores, por mais certos que lhe pareçam, estejam acima dos valores de outros grupos sociais. O conflito dos sistemas de valores pode levar a comportamentos preconceituosos e discriminatórios. Por isso é importante que nos conheçamos. E tão importante quanto, que saibamos escolher nosso sistema de valores.

O GPS do professor é uma competência filosófica de autoconhecimento, desenvolvida para que você consiga se modelar pedagogicamente para o sucesso como profissional da educação. Isso permitirá que você saia da caverna, abandone as sombras que nos enganam profissionalmente e veja as diversas cores com as quais a educação é feita.

A verdade é que o ideal é sabermos dosar um pouco de cada um desses perfis e escolhermos nossos valores para que eles nos deem a direção mais adequada para trilhar a nossa carreira. Sempre uma dessas características irá se sobressair e será necessário estar atento a seus pontos fortes e fracos, para balancear com os outros perfis pedagógicos e valores adequados. Isso fará seu GPS sempre apontar para o norte.

Forçar uma mudança drástica de personalidade só prejudica. Conheci professores que ministravam aulas de um jeito supersério e formal, valoravam a pontualidade e a disciplina, e todos adoravam a aula. Da mesma forma conheci professores extremamente extrovertidos em sala de aula, que tinham como valores a liberdade e a criatividade, e funcionava da mesma maneira.

Em contrapartida, conheci professores que não eram pessoas sérias, mas, por não terem seu GPS pedagógico equilibrado, acreditavam que precisavam passar essa imagem, e o resultado era desastroso. Assim como professores que acreditavam que, se não houvesse piadas e brincadeiras, os alunos não iriam gostar da aula, e o resultado era igualmente desastroso. A consequência é que, sem seu GPS pedagógico, você corre o risco de forçar uma coisa que não é, ficar conhecido como chato e tornar ineficiente o processo ensino-aprendizagem.

Na sala de aula, é importante descobrirmos qual traço de personalidade e valores são mais eficientes para nós e para os alunos. Isso quer dizer, quais dessas diversas máscaras de comportamento nos permitem ministrar melhor uma aula e, assim, conseguir alcançar o nosso objetivo.

Existe uma infinidade de ferramentas didáticas e pedagógicas para todos os gostos. Mas a escolha dessas ferramentas depende do seu GPS. Contudo, tenha em mente que a adaptação é importante. Descobrindo o seu perfil pedagógico e compreendendo seu sistema de valores, saiba como adaptá-lo a diferentes contextos pedagógicos.

Saiba quando o seu perfil mais sério e com valores mais rígidos precisa ser mais leve, sem deixar a seriedade. E quando o perfil mais brincalhão e com valores mais flexíveis precisa ser contido.

Lembre-se de que o educador que atua do 1º ao 4º ano não deve se comportar, jamais, da mesma forma que o educador que atua do 5º ao 9º, ou no Ensino Médio, e vice-versa. Ajustando seu GPS para conhecer o seu perfil pedagógico, seus valores e estimular a gana pelos estudos, você poderá buscar as ferramentas que melhor se adaptem a você e à turma, assim como descobrir como adaptar-se aos diversos contextos que a sua atuação docente exigir.

CAPÍTULO 6

PROFESSOR É UM LÍDER, MAS MUITOS NÃO SABEM DISSO!

"Líderes que não agem através do diálogo, mas insistem em impor suas decisões, não organizam as pessoas — eles as manipulam." — PAULO FREIRE

Existem 95% de chances de que você não tenha aprendido sobre liderança no seu curso de licenciatura. Como eu sei disso? Sou uma das pessoas que está na estatística. Existe ainda uma grande probabilidade de que, na sua universidade ou faculdade, o assunto tenha sido tratado como algo banal. Existe também a possibilidade de que você mesmo o tenha tratado como algo banal. Eu fiz isso. Até que entrei numa sala de aula para lecionar.

As teorias que estudamos na faculdade, frequentemente nas disciplinas de didática, são maravilhosas, excelentes para quem vai pesquisar o tema e quer solucionar um problema acadêmico teórico ou mesmo compreender um fenômeno relacionado à educação. Por exemplo: digamos que você queria compreender os efeitos da educação a distância na aprendizagem de crianças do Ensino Fundamental II

(6º ano ao 9º ano). Você só poderá compreender esse fenômeno ancorado em fortes teorias para seu estudo.

Porém, quando entra numa sala de aula e encontra diversas crianças e jovens espalhados por cima das carteiras, correndo, falando alto, rindo, namorando, discutindo, saindo de sala, dormindo, mexendo no celular — sem falar os problemas de quem está no EAD —, surge, então, outra pergunta: o que eu faço?

Essa pergunta é um problema prático do eu. Não é um problema de compreensão da academia — talvez por isso essas questões acabem ficando de fora dos debates acadêmicos. Porém é a pergunta que vai acompanhar qualquer profissional da educação a carreira toda. *"O que eu faço?"* E sabe por que nos fazemos essa pergunta? Porque estamos numa posição de tomada de decisão. Precisamos tomar uma decisão e precisamos fazer as pessoas agirem de acordo com a decisão que tomamos. Dito de forma direta: porque estamos numa posição de liderança!

Essa é uma questão inerente aos próprios termos que identificam a área de atuação: pedagogo, mestre, educador e professor. O pedagogo (do grego *paidagogos*) *é aquele que acompanha, auxilia, facilita*; o mestre, do latim *magĭster, é aquele que manda, dirige, ordena, guia, conduz, ensina*. O educador, que tem o mesmo radical da palavra educação, no grego *exducere, é aquele que conduz o indivíduo*; o professor, do latim *professus, é aquele que toma a frente*.

Portanto, o educador é um líder. Liderar é inerente ao educador. É condição do metiê de quem está nessa carreira, e não necessariamente numa posição de coordenador ou diretor. Fazemo-nos a pergunta *"O que eu faço?"* porque instintivamente identificamos que temos que liderar, porém aquilo que identificamos pelos instintos nem sempre vem à consciência.

Ter consciência da liderança é reconhecer, primeiramente, que você é um líder. E depois buscar os elementos necessários ao seu desenvolvimento como liderança pedagógica Demorei um tempo até entender que eu era líder e tive auxílio para isso. Eu sou filho de professores. Mas também demorei a entender que eu precisava me desenvolver como líder educacional.

Quando comecei a lecionar em uma escola privada, tive, pela primeira vez, trinta a quarenta alunos sob minha tutela durante duzentos dias letivos. Eu achava que não era responsável por nada além de entrar em sala de aula, colocar o assunto no quadro, explanar aquele assunto, aplicar uma atividade qualquer e, depois, atribuir uma nota a quem assimilasse alguma coisa ou não.

A minha preocupação era fazer o que era necessário para garantir o meu emprego. Eu não tinha uma preocupação com o aluno. Até me preocupava se ele estava entendendo alguma coisa, mas não se ele estava se desenvolvendo. Se meu aluno e eu estávamos conectados com uma visão. Eu nem mesmo compreendia a visão da escola.

Depois de alguns anos de atuação na sala de aula, muitos erros e acertos, além de muitos conselhos de meus pais, que já atuavam havia anos na área, eu desenvolvi a consciência da liderança. Passei a compreender que exerço influência sobre meus alunos, porque eles são meus liderados. Eu comecei a desenvolver a consciência da liderança pedagógica.

Já percebeu que o aluno quer saber tudo do professor? Quantos anos tem, se é casado, se tem filhos, do que gosta, por que se veste daquela forma. E eles fazem isso por uma razão muito simples. ***Ninguém aceita ser liderado por quem não conhece.*** Ou seja, o aluno busca saber quem é aquele que foi colocado para liderar. Quem é aquele a quem, neste caso, o aluno terá inevitavelmente que seguir.

Mas precisamos admitir que muitas vezes nós, professores, educadores etc., não queremos conhecer nossos liderados. Queremos entrar na sala de aula, "dar a aula"[1], como popularmente se diz, e ir embora. Não queremos saber quantos anos tem o nosso aluno, quais os problemas dele, se ele ou ela está namorando, quais os hobbys, os estilos de músicas; em situações mais dramáticas, se esse liderado está sofrendo algum assédio, abuso ou possui alguma característica que dificulte seu desenvolvimento.

E o mais paradoxal é que professores que se comportam dessa forma esperam e exigem dos alunos resultados positivos. Eles esperam que, mesmo não estabelecendo uma verdadeira relação de liderança, assumindo as responsabilidades pela forma como a turma se desempenha, os alunos se desenvolvam sem maiores dificuldades.

E o resultado é: "eles não querem nada!", "não fazem nada!", "querem tudo na mão!". É verdade que alguns alunos "não querem", "não fazem" e "querem na mão". Mas também, é necessário admitir, há professores que "não querem" liderar, "não fazem" a liderança e, contudo, "querem" o resultado de uma liderança "na mão". Você e eu sabemos que há profissionais assim; não podemos romantizar a realidade das relações profissionais.

Em uma empresa comum, um liderado que "não quer", "não faz", ou "quer tudo na mão", ou seja, não é proativo, assim que identificado, é demitido. Ele é demitido porque não irá produzir para a empre-

---

1 Apesar de ser bem conhecida, a expressão "dar aula" me parece carregar uma essência limitante quanto à carreira, sobretudo para quem é profissional liberal. *Dar* é um ato de ceder por livre e espontânea vontade sem esperar nada em troca, uma doação, um ato gratuito. Certa vez, durante o trabalho em uma instituição de ensino superior, um amigo, professor de Matemática, advertiu-me quanto ao uso dessa expressão, e desde então me corrijo sempre que a percebo. Nós não damos aula, nós a ministramos. Para efeitos de programação neurolinguística, ao dizermos e implantarmos na nossa mente a ideia de que damos a aula, estamos criando uma barreira limitante para pensarmos em nós como indivíduos que oferecem serviços para uma determinada área do mercado, e que, como qualquer profissional, devem cobrar e aprender a cobrar pelo serviço entregue. Tenha em mente, se atua ou quer atuar em sala de aula: você não dá aula, e sim ministra. É um serviço, sinta-se a vontade para cobrar por ele.

sa dessa forma. Mas em uma escola não há como demitir o aluno, ele não é expulso da escola por ser relapso. Você investiga as razões que levam esse aluno ao baixo desempenho para atuar pontualmente no problema.

Você pode até mesmo reprovar o aluno, porém irá expor uma faca de dois gumes: 1) você reprovou o aluno por não querer desenvolvê-lo? Ou: 2) reprovou o aluno porque, mesmo sob forte liderança, o aluno não quis se desenvolver? O próprio grande Paulo Freire disse que "ninguém educa ninguém", pois ensinar é sempre uma via de mão dupla, portanto há alunos que não querem e professores que não querem.

Como líder, se espera que o educador empreenda formas de desenvolver o aluno relapso. Aliás, os grandes líderes do mundo corporativo são os que conseguem fazer os liderados relapsos se tornarem produtivos. Da mesma forma, são chamados de grandes educadores aqueles que conseguem desenvolver alunos que todos julgavam um caso perdido.

No entanto, líderes fracos ou ruins são demitidos no mundo corporativo. Assim, também, educadores sem liderança efetiva são demitidos. Ninguém quer um líder que não saiba liderar. Mesmo que esse educador seja concursado, ninguém o quer, sua influência será nula, sua carreira, insignificante, e se for um educador problemático além de um líder ruim, poderá ser exonerado.

E se você não sabe, quero alertá-lo de que é muito fácil descobrir um líder fraco, pois em nenhuma instituição existe apenas um líder. Pensemos que, em uma escola de Ensino Fundamental há no mínimo seis líderes para o Fundamental I e dez para o Fundamental II. Haverá, portanto, um desempenho médio da liderança e da produtividade da instituição. Logo, facilmente se perceberá um líder que esteja abaixo do esperado. Será fácil perceber com que educador os liderados rendem menos, e não demorará muito para questionarem esse líder sobre o que está havendo. Ou seja, o líder deste professor irá questionar "o que eu faço?". E, neste caso, a resposta quase sempre é a demissão.

É preciso despertar para a liderança consciente. Sair da caverna de uma liderança instintiva, de sobrevivência, diante de situações de "o que eu faço?", para uma liderança consciente, na qual busque desenvolver todo o potencial como líder. Este é meu objetivo nas próximas páginas. Fazer você, meu amigo leitor, compreender o que é liderança na prática pedagógica.

Se você está se direcionando para a carreira em educação, para docência ou para a coordenação, a liderança é um assunto importante a ser estudado e compreendido para o exercício efetivo da carreira em educação. Não há possibilidade de ser um educador comprometido com o processo educativo sem assumir a liderança, sem assumir um comprometimento com o desenvolvimento das habilidades de seus alunos. Eles esperam por isso.

Se você não quer ser líder, não seja educador!

DEFININDO A LIDERANÇA E A GERÊNCIA.

Peço muito de sua atenção, pois agora entraremos em questões mais técnicas e conceituais, sem as quais não poderemos desfazer confusões. Talvez você tenha percebido, observando a sua prática ou visualizando sua futura prática, ou ainda relembrando seus momentos no banco de escola e universidade, que ser educador é liderar. Porém como conceituar e como definir a liderança?

Como liderança não é um assunto abordado amplamente no mundo da docência, embora devesse ser objeto de frequente debate, é comum que as pessoas da área tenham alguma dificuldade em compreender de que trata a liderança e seu semelhante, a gerência de pessoas, e frequentemente as confundam com "impor pela força".

John C. Maxwell (2013, p. 14), em seu livro *Cinco Níveis da Liderança*, afirma que "houve um tempo em que as pessoas usavam os termos liderança e gestão alternadamente". Ou seja, não se fazia distinção entre liderar e gerir, como se os termos fossem sinônimos. Portanto, além de compreender a liderança, é necessário que compreendamos o que é a gestão de pessoas.

No aclamado livro *O Monge e o Executivo: Uma história sobre a essência da liderança*, James C. Hunter faz uma importante definição da liderança.

> *"Liderança: é a capacidade de influenciar pessoas para trabalharem entusiasticamente visando atingir os objetivos identificados como sendo para o bem comum"* **(HUNTER, J. C, 2004, P.28)**.

Quero que você preste bastante atenção nos termos destacados nesta definição de Hunter: **capacidade, influência, objetivos** e **bem comum**. Tais termos permitem ter a dimensão e o alcance da liderança e em que medida é possível distingui-la da gerência. Mas, para isso, como educadores, é necessário conversarmos primeiramente sobre competências e habilidades.

De acordo com Isabel Simões Dias (2010, p. 74), a competência é um "construto teórico que se supõe como uma construção pessoal, singular, específica de cada um". Portanto, a competência encontra-se de forma diferente em cada pessoa e não pode ser visualizada, mas seus efeitos podem ser observados.

Para autores como Maria Roldão (2003), Carlos Cruz (2001) e Perrenoud (1999), competência é a articulação de saberes, comportamentos e valores, e eu acrescentaria ainda, as emoções. Para Zabala e Arnau (2010, p. 11), "a competência consistirá na intervenção eficaz nos diferentes âmbitos da vida, mediante ações nas quais se mobilizam, ao mesmo tempo e de maneira inter-relacionada, componentes atitudinais, procedimentais e conceituais".

Esses "componentes atitudinais, procedimentais e conceituais" que Antoni Zabala e Laia Arnau mencionam, ou saberes, comportamentos e valores que encontramos em outros autores, assim como as emoções, são o que poderíamos definir como habilidades. A competência, portanto, é a mobilização de habilidades para a solução de problemas reais, como os trabalhos de Antoni Zabala e Laia Arnau (2010, p. 131) apontam: "responder satisfatoriamente a 'situações reais' e, portanto, complexas". E Philippe Perrenoud (1999) questiona: de que lhes servirão os conhecimentos acumulados durante a escolaridade, se não aprenderem a utilizá-los para resolver problemas?

De acordo com Gabriele Bonotto Silva e Vera Lucia Felicetti (2014, p. 19), "para Perrenoud (1999), habilidade trata-se de uma sequência de modos operatórios, de induções e deduções, onde são utilizados esquemas de alto nível". Fica claro, aqui, que a habilidade é algo mais concreto que a competência, contudo não é possível falar de uma sem falar da outra.

Estando claras as definições de competência e habilidade, vamos retomar a definição de Hunter em *O Monge e o Executivo*. Hunter inicia dizendo que liderança é uma capacidade. O dicionário de Soares Amora (2014, p. 185) define competência como "capacidade". Portanto, podemos dizer que liderança é uma competência.

Como competência, a liderança não é uma coisa que você pega e aplica como muitos afirmam por aí. Muitos gurus do desenvolvimento pessoal dizem ter ferramentas para a liderança. A menos que seu conceito de líder seja de um homem com um chicote, em que pela força obriga outros a segui-lo, é muito difícil uma ferramenta lhe permitir isso. Você não diz para alguém "ei, me empresta a liderança, preciso usá-la na sala de aula".

Alguns autores defendem que é possível ensinar a liderança. E realmente é possível treinar para liderar. Cada vez que nos encontramos em situações que somos obrigados a mobilizar nossos conhecimentos, saberes e valores para solucionar problemas, estamos treinando nossas competências. Portanto, toda vez que, na sala de aula ou em qualquer outro contexto educacional, nos perguntamos "o que eu faço?", estamos diante de uma situação em que podemos nos desenvolver como líderes educacionais.

Quando você entra numa sala de aula, auditório ou algo similar, em que todos estão desorganizados, desatentos ou até mesmo desmotivados e se questiona "o que eu faço?", o que você está se perguntando na verdade é: que habilidades eu possuo para exercer uma competência que me permita solucionar este problema? Ao se questionar, você já deu o primeiro passo para liderar; já identificou que está numa posição de liderança e que precisa exercê-la.

Foi o que me ocorreu, por exemplo, para escrever este livro. Como relatei na Introdução, me questionei: O que eu faço para ajudar pessoas que escolheram ou querem escolher a educação como área profissional a desenvolverem suas carreiras de maneira mais sólida, permitindo que elas a administrem em vez de contarem com a sorte?

Uma das habilidades que poderá recorrer, por exemplo, é a influência. Você quer influenciar seus alunos a trabalharem de forma entusiasmada, compreendendo que isso é o melhor para todos, e dessa forma atingir os objetivos da sua disciplina, curso, palestra etc. Você pode influenciar alunos para cuidarem melhor uns dos outros e evitar o *bullying*, a cuidarem da escola e adquirirem hábitos mais sustentáveis. Mas pode influenciá-los, também, a entrarem em zonas de conforto.

A liderança é uma competência, acabamos de ver isso. Mas o que é a gestão de pessoas? A gestão de pessoas ou recursos humanos é uma área de conhecimento na qual pessoas podem atuar profissionalmente. Portanto, é possível atuar na gestão de pessoas, tal qual o professor atua na educação. São áreas do saber que possuem competências e habilidades.

Dessa forma, a liderança é uma competência necessária a quem é gestor. E por ser o gestor uma figura de liderança, a confusão entre gestor e líder é frequente. Contudo, existe a competência de gerência. Gestão é uma área profissional, existe o bacharel em Gestão ou RH, mas a gerência é uma competência que se pressupõe o profissional da área de gestão possua.

A gerência, assim como a liderança, exige a movimentação de vários saberes, valores e comportamentos para que se solucionem questões, ou seja, ela faz uso de habilidades para resolver um problema. Portanto, a gerência, como competência muito ligada à gestão de pessoas, está ligada à estratégia organizacional de uma instituição, segundo Oliveira (2020).

A pergunta que precisamos fazer para profundar nossa compreensão da liderança, gestão e gerência é a seguinte: é possível gerenciar pessoas? Sobre essa questão, James Hunter diz, em *O Monge e o Executivo*:

> *"Gerência não é algo que você faça para os outros. Você gerencia seu inventário, seu talão de cheques, seus __recursos__. Você pode até gerenciar a si mesmo. Mas você não gerencia seres humanos. Você gerencia coisas e lidera pessoas"* (HUNTER, J. C., 2004, P. 28) [GRIFO MEU].

Preste atenção na palavra recursos, que eu grifei. Segundo Oliveira (2020), desde os anos 2000 a ideia de que a pessoas são o maior recurso de uma empresa vem dominando a área de gestão. Contudo, concordando com Hunter, compreendo que existe uma diferença entre o que são as pessoas e o que elas sabem fazer. Uma coisa é você, outra coisa são seus saberes e conhecimentos.

É por essa razão que, de acordo com Joel Souza Dutra (2011), a gestão de pessoas é um conjunto de diretrizes e princípio relacionados, métodos e técnicas para conciliar a expectativa da empresa com a expectativa das pessoas. Perceba que estamos falando de expectativas. A expectativa não é um recurso, uma habilidade, mas uma percepção, um desejo.

Se for necessário alinhar as expectativas da empresa e das pessoas, ou seja, o que ambas desejam, é necessária a competência de liderança para que a visão e os objetivos da instituição sejam os mesmos das pessoas. Somente exercendo influência sobre as pessoas, elas aceitarão colocar seus recursos (habilidades e saberes) a meu serviço, e somente aí será possível exercer a competência da gerência.

Você pode neste momento estar se perguntando: "Leonne, eu compreendi a diferença entre elas, mas o que isso tem a ver com a área de educação?" Pense bem! Se quiser se direcionar para área de coordenação, secretaria ou mesmo a docência, precisará desenvolver, mais ou menos, essas competências. Você, inevitavelmente, se encontrará em posição de exercê-la, seja na sala de aula, seja fora dela.

Digamos que atue na área de secretaria de uma instituição de ensino. Você necessitará desenvolver sua habilidade de gerência para auxiliar na estruturação e organização dos recursos materiais da instituição. Entretanto, se atua na função de coordenação e já tem a predisposição de seus professores alinhados e dispostos a colaborar com a instituição, você necessitará da habilidade de gerência para saber como as habilidades e saberes desses professores serão mais bem aproveitadas: no Ensino Infantil, Fundamental, Médio ou Superior, coordenação de disciplina, vocacionando alunos etc.

Porém, se você é um professor e está desenvolvendo um projeto em uma turma na qual já exerceu sua influência motivando-a a participar, você precisará da competência de gerência para organizar o modo como cada saber e habilidade dos alunos e da equipe de alunos podem atuar para desenvolver melhor o projeto. Contudo, você pode ser um professor colocado na função de coordenador de curso e, assim, necessitará compreender de gerência para contribuir com a estruturação do curso e a alocação de recursos.

Portanto, é preciso exercer a liderança para que os professores se motivem a colaborar entusiasticamente com a empresa educacional, alinhados com seus objetivos e metas, compreendendo que este é um bem comum, e então gerir as habilidades que os professores colocam a disposição da instituição. Assim, também é necessário que professores exerçam a liderança com alunos para motivá-los a estudarem e se dedicarem entusiasticamente, para desenvolverem projetos educacionais, compreendendo que os objetivos das disciplinas são bons para todos. Assim, o professor poderá gerenciar as habilidades que os alunos colocam à disposição dele.

Acompanhe este exemplo prático de sala de aula. Imagine que você pediu à turma a apresentação de um seminário, mas nem todos os alunos possuem a habilidade de falar em público; alguns até falam, mas não são bons de oratória. O ideal é que, como professor, gerenciemos as habilidades de forma que os alunos que se saem bem em público façam a apresentação. Os que escrevem bem fazem o trabalho escrito. Os que são bons de pesquisa ficam encarregados dessa parte. Mas isso só acontecerá se o professor desenvolver a competência de liderança e a de gerência. Melhor ainda é que o professor desenvolva a competência de liderança e gerência nos alunos, auxiliando-os a se dividirem no trabalho.

AS HABILIDADES INDISPENSÁVEIS PARA UM LÍDER EDUCACIONAL

Você já sabe que um professor é um líder por natureza. Não é possível ser professor sem liderar, e mais verdade o é para quem está nas funções acima, pois são líderes de líderes. Você, também, já reconhece que liderar é uma competência que movimenta um conjunto de saberes, valores, comportamentos e emoções, ou seja, as habilidades, para solucionar um problema específico.

Contudo, existem habilidades que podem ser consideradas indispensáveis para quem está na área da educação? Quer dizer, é possível que exista um conjunto de habilidades indispensáveis ao exercício das carreiras na educação, sem as quais se tornaria mais difícil o processo de liderança e, na verdade, o próprio trabalho na área?

A resposta é sim. E estas habilidades são as habilidades conhecidas como *soft skills*. As habilidades técnicas, relacionadas ao saber científico, especializado e ao domínio das ferramentas técnicas (domínio de informática, Excel, Word, programas de edição de texto, áudio e vídeo etc.) são as habilidades conhecidas como *hard skills*. Porém há um conjunto de habilidades que são adquiridas pela experiência nas relações humanas, e estão relacionadas à chamada inteligência emocional. Essas habilidades são conhecidas como *soft skills* e têm sido as habilidades mais solicitadas, nos últimos anos, por empresas — e na área da educação não tem sido diferente.

Tais habilidades dizem respeito à capacidade de criação e manutenção de relações sociais. Tem-se observado que, de acordo com Goleman (2015) e Cavalcanti *et al.* (2009), a inteligência emocional tem sido um diferencial nos líderes. Aqueles líderes com a capacidade de criar e gerenciar relações sociais têm tido maior sucesso em sua carreira. E não é para menos.

A inteligência emocional seria uma "inteligência" diferente da inteligência geral medida pelo QI. Contudo, embora haja alguns estudos bem populares no campo do desenvolvimento pessoal, não há consenso na ciência sobre a validade científica dessas proposições. Entretanto, apesar disso, são inúmeros os casos e relatos de *cases* de sucesso devido à inteligência emocional, e eu tenho, também, constatado isto nestes dez anos de docência: quanto mais desenvolvemos o que se identifica como inteligência emocional, melhor nos desenvolvemos como profissionais da educação.

Como sociólogo devo concordar, pela força da minha formação e pela constatação empírica cotidiana, com o posicionamento recente de Daniel Goleman (2019), de que as interações sociais se sobrepõem às emoções. Isso significa que o contexto social em que nos encontramos ou somos colocados em convivência vai afetar as nossas emoções. Ou seja, as emoções são reativas ao contexto social. Daí ser mais adequado falarmos em inteligência social.

Quando comecei a ministrar aulas em uma pequena escola particular, hoje se consolidando como uma empresa de porte médio no ramo educacional onde moro, conheci a história de dois ex-alunos, assim como eu. Os chamarei de João e José, nomes fictícios. Estes alunos eram irmãos. João possuía a característica da proatividade, o que o impulsionava a dedicar-se mais empenhadamente aos estudos, porém José não era proativo, e sim reativo. Os pais de José frequentemente o comparavam negativamente a João. "Você precisa ser mais como seu irmão", "Seu irmão aprende rápido", "Você não é tão bom quanto seu irmão".

A comparação negativa, do ponto de vista de José, o fez acreditar que não era capaz. E muitos professores também passaram a crer que José era um aluno incapaz. "José é muito fraco", "O João é um bom aluno, mas o José é um aluno ruim", diziam alguns. Porém uma professora percebeu a crença limitante de José. Professora e coordenação, juntamente, instruíram professores e os pais a evitarem a comparação e a incentivarem José com reforço positivo. Hoje José é advogado e João, engenheiro.

O que fez diferença nessa situação foi a inteligência Social da professora. Sem essa inteligência social, ela não conseguiria ler o contexto em que o aluno se encontrava e, assim, articulado as ferramentas necessárias para reverter à situação em que o aluno se encontrava. Muitos *coaches* falam de inteligência emocional negligenciando que são os contextos sociais que desenvolvem as emoções. São os contextos sociais que irão ativar áreas cerebrais que nos deixarão excitados, com medo, ansiosos, fleumáticos, neurastênicos, agressivos etc.

É a inteligência social que permite a professores e coordenadores, equipados com essa habilidade, a detectarem problemas em seus liderados. Coordenadores percebem quando professores estão passando por problemas de ordem social-pessoal, assim como professores percebem tais problemas em seus alunos. Coordenadores que desenvolvem a inteligência social são capazes de perceber quando professoras e professores estão sendo assediados ou estão assediando alunos, assim como professores com esta habilidade percebem sinais de abusos em alunos ou outra interferência do seu mundo social.

Em uma escola estadual no interior do estado do Pará, onde meus pais trabalharam, uma aluna apresentava um comportamento diferente dos demais; extremamente calada e sem desenvolver relações sociais. O sentimento de medo e estranheza da maioria dos professores e coordenadores àquela situação diferente fazia-os afastarem a jovem do processo educacional.

No entanto, meus pais passaram a incentivar a jovem a participar das aulas, buscando deixá-la à vontade na sala de aula e procurando ouvir a aluna. Foi então que eles descobriram que a aluna participa de um culto religioso no qual eles creem que ela é capaz de conversar com o mundo espiritual. A partir disso foi possível trabalhar melhor a interação da aluna com a turma, melhorando o processo de ensino-aprendizagem. O sentimento de medo e estranheza passou a dar lugar ao sentimento de empatia na escola.

Professores e coordenação não são obrigados a assumir a mesma crença de seus liderados, mas precisam ter a capacidade de compreender o contexto social para gerirem suas emoções e, assim, agirem de maneira mais assertiva para, juntos, atingirem um objetivo comum de forma satisfatória. Ou seja, a inteligência social tem se mostrado um elemento prático que tem feito a diferença em instituições de sucesso. Por esse motivo, as *soft skills* têm sido tão requisitadas nos últimos anos.

A inteligência social no modelo proposto por Daniel Goleman (2019) pode ser dividida em duas categorias: a consciência social (a capacidade de perceber e compreender o meio social) e a aptidão social (a capacidade de responder eficazmente aos contextos sociais por meio de interações). A consciência social está ligada principalmente à habilidade emocional da empatia, enquanto a aptidão social a habilidade social de interação social.

Em 2019, ministrei aulas de Cooperativismo e Sociologia para uma turma de curso técnico em Agroecologia na região do Baixo Amazonas, oeste do Pará. A turma era composta somente de adultos, das mais variadas realidades sociais. Certa tarde, após uma de minhas aulas, um aluno, que era pescador, veio até mim para dizer que não poderia assistir às próximas aulas e não estaria presente para participar da avaliação. Seu semblante era visivelmente preocupado. Ele me disse que aquela era a sua profissão, que a pesca estava liberada pelo IBAMA e era um momento bom para conseguir alguma renda para a sua família, já que dependiam de seu trabalho.

Minha preocupação, naquele momento, não era com as possíveis aulas a serem perdidas, mas, primeiramente, com a possibilidade de a família dele não adquirir seu sustento, e, em segundo, com não permitir que aquele aluno se abatesse a ponto de, quem sabe, abandonar o curso. Eu lhe disse que poderia ficar despreocupado. Falei:

> — Vamos fazer um acordo? Você vai para a pescaria, fique o tempo que precisar. Mas como o nosso curso é de agroecologia e esta é uma atividade agroecológica realizada em cooperação, quero que você registre, tire fotos, faça um relatório e venha compartilhar a sua experiência com os colegas da turma.

Empatia é isso. Não se trata, como o senso comum diz, de se colocar no lugar do outro. Como poderia? Nunca fui pescador. Mas meus anos de pesquisa com ribeirinhos me permitem ter compreensão da dimensão dessa realidade. A empatia, segundo Goleman, tratando-se de líderes, é levar em consideração os sentimentos dos liderados na hora de tomar decisões. Foi o que eu fiz. Levei em consideração os sentimentos que percebi naquele aluno, a preocupação com o sustento da sua família, seu desejo de terminar aquele curso e o medo de fracassar por não poder assistir às aulas devido ao trabalho na pesca.

Tomei uma decisão empática e aproveitei para fortalecer as relações sociais: três semanas de aulas teóricas sobre cooperativismo não poderiam ser melhores para ele do que experimentar o trabalho cooperado na prática por três semanas. E foi uma ótima decisão. O aluno pôde adquirir o sustento de sua família, se sentir acolhido na instituição, reafirmar o desejo de terminar o curso e, ainda, ensinar a todos na turma, incluindo a mim, muito sobre o trabalho cooperado na pesca.

Além dessa grande *soft skills* chamada inteligência social — que engloba inteligência emocional —, existem outras qualidades socioemocionais que um líder educacional precisa desenvolver. John Maxwell (2015) lista 21 qualidades em seu pequeno livro *As 21 Qualidades Indispensáveis de um Líder*. No entanto, destas, eu destaco quatro para quem quer seguir carreira na área da educação: carisma; comunicação; ouvir; solução de problema.

CARISMA

"Como você pode ter carisma? Preocupe-se mais em fazer as outras pessoas se sentirem bem em relação a elas mesmas do que em relação a você" — DAN REILAND, vice-presidente de desenvolvimento de liderança, INJOY (MAXWELL, 2019, P. 21).

Sociologicamente falando, o carisma é a habilidade de influenciar as pessoas unicamente pelos seus atributos pessoais. Para o próprio John Maxwell (2019, p. 23), o carisma "é a habilidade de atrair pessoas para si". Esta é uma das grandes qualidades para quem está atuando na área da educação, e uma habilidade muito importante em tempos de vida conectada.

Cada vez mais as pessoas se guiam pela imagem. Independentemente do juízo de valor de ser ou não uma coisa boa se influenciar pela imagem, esta é uma característica dos tempos atuais. A máxima "a primeira impressão é a que fica" nunca foi tão verdadeira, considerando o contexto geral. É claro que numa sala de aula você terá duzentos dias letivos para apresentar o seu carisma. Mas se optou pela carreira na internet, ou na coordenação, ou produzindo materiais, a primeira impressão irá marcar, e reverter uma impressão negativa é sempre mais difícil.

Como desenvolver o carisma? Para Maxwell, é possível desenvolver o carisma sendo amável e prestativo para com os outros. Líderes que se preocupam, primeiramente, com seus liderados conseguem desenvolver neles o carisma. James Hunter, em *O Monge e o Executivo*, diz que é necessário servir para liderar. As pessoas se sentem ligadas a quem se dedica a elas. O próprio Cristo dando o exemplo de servir, enquanto lavava os pés de seus discípulos, disse *"Se eu não os lavar, você não terá parte comigo"*.

COMUNICAÇÃO

"Os educadores pegam algo simples e complicam. Os comunicadores pegam algo complicado e simplificam" (JOHN C. MAXWELL, 2015).

Nos últimos anos venho defendendo a seguinte tese: professores são comunicadores! O grande problema é que não nos contaram nem nos prepararam para isso na graduação. Lidamos com público, temos um público, uma audiência fiel que está todos os dias, no mesmo horário, disposta a nos ouvir e, frequentemente, sem a possibilidade de "trocar de canal".

Talvez a obrigatoriedade de nos ouvir, imposta ao público, tenha criado uma cortina de ferramentas vazias de sentido para o aluno, característica de quem está na área da educação, mas, sobretudo, de quem está em uma sala de aula ou palestra, seja ela presencial ou virtual. Encoberta essa característica fundamental para quem trabalha com público, de qualquer idade, fomos privados na graduação de ferramentas e habilidades para lidarmos com ele, embora fôssemos cobrados para sermos capazes de fazer isso nas diversas apresentações de seminários.

Comunicar é fundamental para educadores e coordenadores. Porém, na academia, somos envoltos pela cultura dos conceitos densos, dos intelectuais rebuscados. Debatemos Vygotsky, Piaget, Wallon e Paulo Freire, mas tropeçamos nas palavras para comunicar diversos assuntos num grau de complexidade compatível com a idade de jovens, adolescentes e mesmo adultos recém-chegados à graduação.

Quase sempre o assunto da transposição pedagógica passa rapidamente pela maioria dos cursos de licenciatura. A transposição pedagógica é um recurso comunicativo dos educadores, porém tem sido deixado de lado para que muitos possam ostentar sua capacidade intelectual e sua inépcia comunicativa. E esse é um dos erros que, necessito admitir, ainda cometo e que preciso estar sempre vigilante.

Numa cultura em que o ensino online ou híbrido tende a se tornar cada vez mais uma realidade presente para a maioria dos estudantes, independentemente de classe social — isso não quer dizer que seja de maneira justa —, empresas da área educacional têm buscado profissionais capazes de se comunicar de maneira direta, simples e eficaz, seja para promover a instituição nas redes sociais, seja para produzir conteúdos educativos para quem consome cursos online.

OUVIR

"É preciso que quem tem o que dizer saiba, sem dúvida nenhuma, que, sem escutar o que quem escuta tem igualmente a dizer,

> *termina por esgotar a sua capacidade de dizer por muito ter dito sem nada ou quase nada ter escutado"* **(PAULO FREIRE, 2016, P. 114).**

Desde 2019 tomei a coragem de passar a ouvir meus alunos através de um questionário sobre a minha prática docente. O questionário é aplicado de forma que eu não saiba quem é o aluno, para que, assim, ele se sinta à vontade de responder às perguntas da maneira mais franca possível. Isso me permite saber o que eles pensam sobre a minha maneira de ministrar as aulas.

Os alunos são meu público, minha audiência, eu não posso arrogantemente pressupor saber o que eles querem ouvir. Ainda que haja um manual, uma resolução que me diga que naquela série, naquela idade, eles precisam de conteúdo X, de habilidade e competência Y, como é o caso dos PCNs e da BNCC, a forma como eu vou comunicar os conteúdos depende da forma como eu estou disposto a ouvir. Porque, se a única pessoa que eu escuto for a mim mesmo, não pode haver diálogo.

Ouvir é um elemento principal para que a educação como um processo dialógico — ou seja, como um processo feito por sujeitos que interagem entre si —, como defende Paulo Freire, aconteça de maneira revolucionária. Revolucionária porque transforma ambos em sujeitos capazes de comunicar e de ouvir. Foi ouvindo meus alunos que percebi como deveria modificar minha comunicação para torná-la mais eficiente.

Os coordenadores precisam, por sua vez, serem capazes de ouvir seus professores, seus liderados, pois são eles que lidam diretamente com o público da instituição. A ponta de lança para desvendar problemas no serviço oferecido pela instituição de ensino são os professores. Uma coordenação que não é capaz de colocar *feedbacks* para que possa otimizar seus serviços perderá os bons líderes e consequentemente não irá crescer como instituição.

SOLUÇÃO DE PROBLEMAS

"Você pode avaliar um líder pelos problemas que ele ataca. Ele sempre procura problemas de seu próprio tamanho" (JOHN C. MAXWELL, 2015).

Em 2021 enquanto eu estudava para escrever este livro, um professor começou a se queixar no grupo de WhatsApp dos professores da instituição onde trabalho, a respeito de um aluno que supostamente seria analfabeto em uma turma de graduação. Para facilitar a compreensão, vamos chamar o aluno de Hugo. O professor dizia ser um absurdo um aluno ter passado por um processo seletivo na instituição pública sem ser alfabetizado e que não era seu papel, como professor de nível superior, lidar com aquela situação, que reprovaria Hugo e deixaria para a coordenação decidir o que fazer com o aluno.

Na esteira desse comentário, outro professor veio ao grupo dizer ser um absurdo uma instituição pública de ensino federal assumir papéis assistencialistas com relação a alunos de baixa renda ou outros problemas sociais, que a instituição deveria focar os conteúdos, e não a distribuição de cestas básicas ou em internet para os alunos acompanharem as aulas. Em meio a esses desabafos, sobrou até para Paulo Freire como sendo o culpado do assistencialismo. Coitado!

Foi, então, que uma professora colocou os "pingos nos is" e esclareceu que Hugo era um aluno com necessidades especiais, e que havia entrado no processo seletivo pelas vagas destinadas a PNEs. E que, tendo a instituição um núcleo de acompanhamento para esses alunos, é dever da instituição e dos professores que nela atuam auxiliar neste processo. E mais, receber todo esse apoio é direito do aluno.

Outro professor, que também dava aula para Hugo, afirmou que o referido aluno possuía dificuldade de leitura, mas que não era analfabeto, e era um aluno muito dedicado, que superou várias barreiras, com ajuda, em sua disciplina, embora precisasse treinar mais a leitura. Caberia aos professores buscar meios para contribuírem nesse processo.

Perceba que há aqui dois tipos de professores: aqueles que buscam solucionar problemas e aqueles que buscam desculpas para os problemas encontrados. Não fosse o professor que reclamou um servidor concursado com estabilidade, ele certamente estaria desempregado. Pois o que as instituições buscam são pessoas capazes de resolver problemas.

Enquanto fazia pesquisa entre os ribeirinhos do estado do Pará entre os anos de 2016 a 2018, me disseram um ditado bem interessante: *O piolho dá na cabeça do dono.* Em outras palavras: o problema é seu, resolva-o. Lembre-se, se você não quer liderar, não seja educador. Se quer ser um professor universitário, esteja preparado para lidar com esses problemas e dispostos a resolvê-los, a procurar soluções. Se quer ser coordenador, esteja preparado para abraçar os problemas e solucioná-los.

Tenha em mente que liderar é isso. É motivar pessoas a solucionar problemas. Como afirmamos anteriormente, a liderança consiste em movimentar nossos saberes, habilidades e emoções para solucionar problemas específicos onde estamos atuando. Não importa se presencialmente ou virtualmente, você terá que lidar com situações problemas e deverá buscar soluções para elas.

O mundo tem passado por diversas transformações conforme avançam as tecnologias de comunicação. Todas as áreas de trabalho tendem a acompanhar essas transformações; consequentemente, as pessoas que trabalham nessas áreas precisam se atualizar e adquirir novas habilidades. As *soft skills* são habilidades indispensáveis em um mundo cada vez mais conectado, por isso busque desenvolvê-las para que sua carreira se mantenha no caminho certo.

CAPÍTULO 7

PERFIS DE LIDERANÇA PEDAGÓGICA E COMO UTILIZÁ-LOS

"Liderança é ação e não posição." —**DONALD MCGANNON**

Se professores e coordenadores (e muitos outros que estão na área da educação) são líderes, e liderar é exercer influência para que determinados objetivos sejam alcançados, portanto, é gerar impacto onde se está atuando. De que maneira essa influência é exercida? Como líderes atuam para exercer a influência?

Durante a graduação em Ciências Sociais, enquanto cursava a disciplina de Estatística, o professor que ministrava a disciplina era conhecido por ser severo demais na avaliação dos alunos. Esse mesmo professor não possuía uma metodologia e uma didática que motivassem os alunos a se empenharem nos estudos e nos resultados. A disciplina em si não era tão difícil, mas o marketing negativo a precedia. Lembre-se de que reverter uma primeira impressão negativa é sempre mais difícil do que desfazer uma impressão positiva.

O professor oferecia um curso de SPSS (um software de estatística). Os alunos selecionados participavam, para que pudessem aperfeiçoar suas habilidades em estatística aplicada às ciências sociais. Um cientista social com habilidade de trabalhar dados quantitativos, descrevê-los e analisá-los sem dúvida é um profissional diferenciado para a atuação na área.

Meu amigo Raimundo Junior, hoje escritor e educador, tinha o desejo de empenhar-se na disciplina, porém tinha dificuldades. Ele começou a participar do curso, no entanto o professor estabeleceu o seguinte critério: alunos com nota abaixo de 8,0 não participariam mais. Era uma nota de corte. Esse professor gostaria de evitar o que, para ele, seriam alunos sem interesse, e seu critério seria a nota. Infelizmente Raimundo Junior não alcançou a nota. Quanto a mim? Nem mesmo fui selecionado previamente.

Certa vez, dentro do laboratório de informática, durante o curso de SPSS, o professor percebeu a presença de Raimundo Junior em sala, aproveitou o momento para lembrar a todos do seu critério e expulsou o jovem aluno de sala por demérito. A sua punição por não ser "bom aluno" em estatística, por não ter conseguido a nota mínima estabelecida pelo mestre — embora a mínima nota da universidade fosse menor que a estabelecida pelo professor —, era não poder aprender a utilizar uma ferramenta essencial para a sua profissão.

Imagine por um instante que este aluno fosse você! Como se sentiria se, tendo o desejo de se aperfeiçoar na sua área, de aprender a utilizar uma ferramenta que tem o poder de torná-lo um profissional melhor, fosse impedido ou atrasado a fazer isso, porque ainda não possui o domínio de uma ferramenta que você quer aprender? Meu amigo ficou bastante frustrado, desmotivado e indiferente à disciplina. Como consequência, o rendimento dele caiu.

Ainda na graduação, em outra disciplina, Metodologia Científica, meu amigo foi posto à prova para desenvolver um projeto de pesquisa, como parte da avaliação. Raimundo Junior nunca havia escrito um projeto de pesquisa até então e tinha dificuldades em assumir as suas limitações apesar da vontade de se desenvolver. E a sua falta de tempo para dedicar-se a tal tarefa também pesava contra ele. A realidade social de Raimundo Junior era bastante difícil, pois trabalhava à noite como garçom e, pela manhã, estava nas aulas. Principalmente em uma segunda-feira, dia da disciplina de Metodologia Científica, ele havia trabalhado até a madrugada na noite anterior.

Da forma que fora possível, fez o projeto. No dia da entrega das notas e projetos, Raimundo Junior não acreditava que poderia tirar uma boa nota. A falta de tempo para se dedicar como deveria a uma atividade como esta e sua inabilidade em assumir suas limitações para pedir ajuda o deixavam com a certeza de uma nota ruim. Mas para a sua surpresa, quando o professor lhe entregou o seu projeto, viu que seu conceito foi "B" (Bom) — em termos quantitativos, algo entre 8,0 e 9,0 —, porém o mais impactante para meu amigo foi o que o professor escreveu em seu trabalho: "Uma pena eu não ter visto você e seu trabalho, espero que tenhamos outra oportunidade."

Meu amigo me disse que as palavras do professor o tocaram bastante. Um gesto que ele considera de extrema beleza e que o motivou ao longo do curso. Esse professor assumia a responsabilidade por qualquer imperícia dos alunos "Uma pena eu não ter visto você e seu trabalho." A frase está em primeira pessoa do singular. Este professor não procurava desculpas para qualquer problema que seus liderados poderiam ter. Como mentor, como líder, cabia a ele lamentar não ter observado mais atentamente seu liderado. Mas, sobretudo, caberia a ele assumir a dianteira para solucionar qualquer problema — "espero que tenhamos outra oportunidade" — junto com o liderado. O verbo é conjugado na primeira pessoa de plural: nós (tenhamos).

O poder dessa frase, dessas sinceras palavras do professor, que se tornou um mentor devido à sua virtuosa liderança naquele momento, transformou-se em uma referência para meu amigo. Raimundo Junior hoje, como educador, diz procurar não negligenciar nenhum aluno e assumir as responsabilidades de liderá-los e motivá-los, assim como fizeram com ele. Esse é o impacto de uma liderança eficaz. O professor não permitiu que o aluno introjetasse em si a culpa e o desânimo. O professor, consciente de sua liderança, disse: *esta parte do processo é minha.*

O que você acaba de ver, a partir da experiência de meu amigo, são os dois grandes paradigmas a respeito da liderança. O primeiro paradigma é o paradigma antigo, que vigorou até aproximadamente os anos de 1980, quando as organizações começam a se abrir a uma nova perspectiva sobre liderar. Um paradigma de liderança baseada no líder, em fazer de si alguém acima dos liderados. Muitos educadores e coordenadores comportam-se dessa maneira. Por alguma razão, esta é a forma mais comum que as pessoas têm de se comportar quando estão em posição de poder.

O segundo exemplo é de um paradigma mais recente a respeito da liderança. Este paradigma mais recente, de acordo com Cavalcanti *et al.* (2009), é mais colaborativo e não dissociativo, uma liderança centrada em construir relações e compartilhar visões e dessa forma gerar motivação. Seguindo este novo paradigma, as organizações devem ser meios de realização, satisfação e crescimento pessoal e coletivo.

> *"o novo paradigma para as organizações pressupõe troca, participação, rede de relações, aprendizagem individual e coletiva, favorecendo a conexão afetiva e intelectual entre as pessoas..."*
> (CAVALCANTI ET AL., 2009, P. 28).

Os velhos líderes, portanto, são os líderes dissociativos, que separam as relações pessoais e suas satisfações do ambiente de trabalho das organizações. São líderes que se resumem na frase "já fiz a minha parte, não é mais problema meu". Os novos líderes são líderes colaborativos buscam aproximar as relações pessoais do ambiente de trabalho das organizações. São líderes que se resumem na frase "eu posso te ajudar, vamos realizar isso juntos". Mas novo ou velho líder não tem a ver com idade. Para que você perceba isso, basta que eu lhe diga que o professor do segundo exemplo era um senhorzinho de quase 80 anos, já aposentado, mas que ama o que faz (lembrando que não faz *por* amor, mas faz *com* amor).

Contudo, apesar desses paradigmas nos quais você pode observar as mudanças que o mundo profissional exige, quero apresentar alguns estilos de liderança educacional que descrevo a partir da compreensão e adaptação do livro *Liderança: A inteligência emocional na formação do líder de sucesso,* de Daniel Goleman.

LÍDER EDUCACIONAL ASSERTIVO.

O líder educacional assertivo é aquele capaz de deixar claras quais as metas da instituição e quais os caminhos a seguir. Ele definiu a meta e os meios. Não há diálogo em como fazer as coisas. É do seu jeito. Ele é assertivo, sabe o que quer dos liderados e coloca-os nessa direção. Pode ser um bom estilo para quem está numa posição de coordenação recorrer. É um estilo interessante para quem está numa posição de líderes de líderes. Pode ser eficiente para quem trabalha em instituições que lidam com metas como "aprovar x alunos no vestibular".

Contudo, se você está em outras esferas da área educacional como palestrante ou professor, seja presencial ou online, pode não ser um estilo muito interessante, com algumas exceções. É difícil para o palestrante não ter que se adaptar ao público; isso não quer dizer que ele não vá ser assertivo, mas que necessitará de mais recursos para trabalhar. Isso também vale para o professor. Não arredar o pé e adaptar os meios e objetivos, ou não levar em consideração seus alunos na hora da decisão, pode ser um erro no processo educacional.

Um cuidado com este estilo de liderança é não se tornar autoritário em excesso e parecer um ditador que é o único que sabe como as coisas devem ser, ainda que elas não funcionem. É um estilo de liderança que pode refletir a segurança ou a insegurança do líder educacional na decisão tomada.

LÍDER EDUCACIONAL COACH

Este estilo de liderança está focado no desenvolvimento dos liderados. É um estilo mais colaborativo e que tem como grande habilidade o diálogo. Particularmente, acredito ser um dos melhores estilos para quem está na área da educação. Coordenadores que o utilizam podem estimular seus professores a desenvolverem habilidades e a aprenderem outras a partir de seus pontos fortes e fracos. Não é um estilo de liderança focado em resultado, mas no processo. É interessante para líderes que atuam em instituições públicas ou ONGs.

Educadores com o estilo coach são ótimos porque tiram do aluno o peso de se preocuparem com as notas; assim, eles passam a focar o processo de aprendizagem. Como se preocupam com o desenvolvimento dos liderados, têm a consciência de que nem todos terão a mesma aptidão para a sua disciplina. Levam em consideração o quanto se desenvolveram, e não se decoraram o conteúdo.

A mensagem do estilo coach é: "Sei que você é capaz de fazer melhor, você está no caminho certo." Porém é um estilo de liderança que tende a não funcionar muito bem se os liderados tiverem um *mindset* limitante e não acreditarem que podem se desenvolver. Nesse caso, coordenadores e professores terão dificuldades na implementação deste estilo.

LÍDER EDUCACIONAL AFILIATIVO

Entre 2018 e 2020, trabalhei em um campus de educação tecnológica no qual o diretor geral não se comunicava com os liderados e não reunia a equipe de professores e coordenadores para dar feedbacks. Sem informações, a equipe era desconfiada de tudo, portanto não confiava na organização da instituição. O clima dissociativo entre os colaboradores atravancava o trabalho pela falta de diálogo. Faltava-lhe, portanto, muito deste estilo de liderança.

A liderança afiliativa é ótima para fazer seus liderados sentirem-se em casa. Líderes com este estilo são mestres em criar um clima amigável. É um estilo que, como diz Goleman (2015), gira em torno das pessoas. O grande trunfo deste estilo de liderança é sua capacidade de gerenciar as relações sociais e, com isso, criar uma poderosa influência sobre os liderados, uma influência tão poderosa que pode ser considerada fidelidade. Ou seja, os liderados vestem a camisa da instituição.

Coordenadores com este estilo de liderança conseguem deixar os liderados à vontade, criam um clima de cordialidade e confiabilidade, fazendo com que os colaboradores passem a confiar mais uns nos outros. A capacidade de dar bons *feedbacks*, motivando e elogiando a equipe, apontando onde e como podem melhorar. Há uma tendência a fazer reuniões para a equipe socializar e estreitar os laços. Dessa forma, líderes educacionais afiliativos criam o clima gregário na instituição.

Professores com este estilo de liderança são capazes de criar um clima de unidade na turma, fazem a turma acolherem-no como parceiro, a ponto de ser o "melhor professor". O clima de amizade faz com a turma siga em torno de uma visão e objetivos únicos. Contudo, a flexibilidade desse tipo de liderança pode ser premiadora da mediocridade. Como é um tipo de liderança que, segundo Goleman (2015), se baseia no elogio e pode não corrigir o mau desempenho. Coordenadores e professores devem tomar cuidado de não utilizar somente este estilo de liderança.

LÍDER EDUCACIONAL DEMOCRÁTICO

O líder educacional democrático é um estilo de liderança compartilhadora. Este estilo de liderança tem como característica a escuta. O líder gosta de reuniões com *brainstorming*[1] por parte da equipe, é receptivo as ideias que chegam até ele e lida bem com os *feedbacks* que recebe dos liderados. Por ter esse espírito democrático, o líder tende a ser flexível, compartilhar as responsabilidades e levar em considerações todas as opiniões.

Coordenadores com este estilo de liderança têm a vantagem de contar com várias ideias da equipe. Como ele faz com que todos participem do processo de tomada de decisão, tanto em tempo de crise quanto de bonança, a equipe compreende que a situação da empresa é uma consequência da equipe. Como ouvir é uma das vantagens deste estilo, o líder compreende as necessidades dos liderados e, dessa forma, sabe onde precisa agir.

Professores com esse estilo de liderança têm uma habilidade para ouvir os alunos sobre o andamento da disciplina. Sua metodologia

---
1 *Brainstorming* é um termo inglês que em tradução livre pode significar chuva de ideias ou descarga de ideias.

também se baseia em tornar a aula mais participativa, em vez de apenas expositiva do conteúdo. Professores assim conseguem fazer os alunos se sentirem responsáveis pela disciplina, pois os consultam sobre a forma como as atividades devem ocorrer e como deve ser a metodologia da disciplina. A vantagem deste estilo em sala de aula é que possibilita identificar os gargalos da turma e agir pontualmente para solucioná-los.

Ouvir é a grande vantagem deste estilo de liderança. Então, é um bom estilo de liderança para todas as instituições de ensino que estão se estabelecendo em um determinado nicho de atuação ou procurando se recolocar no mercado. Se o líder está inseguro quanto a uma decisão, pode ser um estilo a considerar. Contudo, pode se tornar um estilo de liderança procrastinador se não utilizado com parcimônia. Como este estilo de liderança busca levar todos em consideração, isso pode afetar a tomada de decisão. Como Diz Goleman (2015), uma das consequências mais exasperantes podem ser reuniões incessantes, nas quais as ideias são remoídas, o consenso é vago, e o único resultado é a marcação de novas reuniões.

LÍDER EDUCACIONAL RACIONALISTA

Este estilo de liderança educacional equivale ao estilo marcador de ritmo de Goleman. O líder educacional racionalista é obcecado por prazos e resultados. Gosta da pontualidade nas tarefas e metas. Fundamentando-me em Goleman (2015), este perfil tem padrões muito elevados e força os liderados ao limite para que atinjam seus padrões.

O coordenador racionalista é aquele que anda com agenda e calendário para todo canto, busca desempenhar a tarefa da melhor forma e mais rápido possível; é o líder que não permite que os liderados percam o prazo. Coordenadores com este estilo fazem seus professores não perderem os prazos de avaliações e entrega de resultados. É um estilo muito bom para comandar equipes de instituições que trabalhem com metas assim como o estilo assertivo.

Professores com o estilo racionalista estão sempre correndo atrás de terminar todo o conteúdo do ano letivo; nada pode ficar de fora. Como é focado em conteúdo e prazos, este estilo de liderança em professores faz com que não foquem o desenvolvimento pessoal de seus liderados. Isto é, faz com que acreditem que longas listas de exercícios estarão desenvolvendo-os. Professores com este estilo podem ser chamados também de corredores de cem metros, ou melhor, de duzentos dias.

Este estilo é uma vantagem para líderes que lidam com liderados sempre bastante motivados e de alto desempenho. Porém ambientes de instituições educacionais são sempre muito diversificados, e é necessário cuidado com este estilo de liderança. Professores e coordenadores que o utilizem abusivamente podem cansar seus liderados ao invés de motivá-los a alcançar a meta. Se você gosta deste estilo, recomendo fortemente que o concilie com outro.

LÍDER EDUCACIONAL COERCITIVO

Este estilo de liderança é o típico estilo mão de ferro. Este é o verdadeiro estilo autoritário. É o tipo de liderança que se baseia na humilhação e na intimidação. Líderes que utilizam este estilo quase sempre são odiados e abandonados. Concordando com Goleman (2015), a liderança coercitiva é a menos eficaz. Sua ineficácia está no péssimo clima que ela traz para a organização.

Entre 2017 e 2018, trabalhei no campus de educação tecnológica no Baixo Amazonas no estado do Pará. O diretor geral na época era um líder coercitivo. Baseava sua liderança, assim como seus diretores, no assédio moral e psicológico. Um clima policialesco se instalou na instituição com servidores se sentindo coagidos. Não houve outra saída a não ser a equipe de servidores solicitar ao reitor a troca imediata do diretor geral daquele campus.

Coordenadores com este estilo de liderança tendem a inibir a participação dos liderados, professores ou não, pois ninguém se atreve a expor suas ideias; como consequência, um clima dissociativo e de não pertencimento à instituição tende a prejudicar os trabalhos. É o estilo de liderança menos recomendado, principalmente em instituições educacionais, onde o pluralismo de ideias tende a ser tendência.

Quando um aluno diz "o professor me marcou", é de uma liderança coercitiva que ele está falando. É claro que algumas vezes pode não ser o caso, no entanto, sabemos bem, porque já fomos alunos e alguns de nós se tornaram professores, que existem professores que "marcam o aluno". Educadores coercitivos tendem a inverter o protagonismo no processo de educação. Em vez de centrar o processo educacional no aluno, o educador coercitivo centra o processo de ensino em si mesmo. É frequente esse tipo de educador chamar o aluno de burro, afirmar-lhe que não tem futuro ou não será ninguém.

A aula é apenas um momento para mostrar aos alunos como são ineptos. É um estilo de liderança que não possui diálogo. Qualquer "desvio" de conduta infantil ou adolescente é um bom motivo para expulsar alguém de sala. Assim como para coordenadores, qualquer deslize de um professor é motivo para lembrá-lo de que pode ser demitido ou responder a um processo disciplinar.

DESENVOLVENDO A LIDERANÇA

Se chegou até aqui, tenho certeza de que já compreendeu que, se está se dirigindo para a área da educação, a liderança é algo inevitável. Agora você também já conhece as *soft skills* e os estilos necessários para seu desenvolvimento. Porém, se você ainda está se questionando como desenvolver a liderança e quais as ferramentas necessárias para que possamos construir uma liderança sólida e efetiva, vou lhe deixar a dica de ouro.

Não permaneça no nível da posição de liderança!

John C. Maxwell (2013), em seu livro *5 Níveis da Liderança: Passos comprovados para maximizar seu potencial*, nos mostra que toda liderança começa com uma posição. A posição é o ponto de partida, um cargo, um lugar na organização na qual você possui responsabilidades para com e junto com um conjunto de pessoas. Como disse o tio Ben a Peter Parker: "Com grandes poderes, vêm grandes responsabilidades."

> "Um indivíduo consegue um emprego e, com isso, recebe um título ou descrição de cargo: operário, vendedor, garçom, balconista, contador, gerente. Posição é o ponto de partida para todo nível de liderança" (MAXWELL, J. 2013, P. 51).

Contudo, não permaneça no nível da posição. A posição de liderança é apenas o ponto de partida; é onde você tem a possibilidade de determinar que tipo de líder quer ser. Um líder antiquado e dissociativo ou um líder associativo? E esta é a chave para se desenvolver como líder, sair do nível da posição e começar a subir para os níveis das relações pessoais e produtividade.

Para que você saia do nível posicional e alcance os níveis de relações pessoais e produtividade, não basta se enquadrar num único estilo de liderança educacional, mas é preciso que você desenvolva um repertório de estilos. Haverá situações em que você deverá ser mais assertivo; em outras, mais democrático; em algumas, até mesmo coercitivo. Como Diz Goleman (2015, p. 44) "os líderes mais eficazes alternam flexivelmente entre os estilos de liderança na medida do necessário".

Porém, para que você se desenvolva e crie seu repertório de estilos de liderança, é preciso romper com a crença de que você é a posição que ocupa e começar a compreender que você é as relações que cultiva. Esse é o grande segredo para se desenvolver como líder, sair da zona de conforto. Embora não seja fácil, tenha em mente que:

> *"toda vez que deixamos nossa zona de conforto e conquistamos novos territórios, não só ampliamos nossa zona de conforto, mas também nos expandimos. Se desejar crescer como líder, esteja preparado para ser perturbado. Mas saiba que os riscos valem muito a pena a recompensa"* **(MAXWELL, J., 2013, P. 82).**

Sair da zona de conforto por outro lado implica autoconhecimento, e nem sempre somos estimulados a olhar para nós mesmos de forma crítica e ao mesmo tempo com tolerância. Ou nos cobramos demais e, assim, não nos compreendemos, ou superestimamos demais e projetamos uma imagem distorcida de nós. Como diz o capitão Mike Abrashoff em *Este Barco Também É Seu*, citado por Maxwell:

> *"A verdadeira liderança diz respeito a entender primeiro a si mesmo, e depois usar esse entendimento para criar uma organização excelente... quando os líderes exploram profundamente seus pensamentos e sentimentos a fim de compreenderem a si mesmo, uma transformação toma forma"* **(ABRASHOFF, M. APUD MAXWELL, J., 2013, P. 56).**

Para ajudá-lo ainda mais A se desenvolver como líder, faça este exercício conhecido como a janela de Johari, retirado e adaptado de *Grande Líder Motivador* de Nei Loja (2005). Em seu benefício próprio, seja sincero ao responder às perguntas para obter um resultado que reflita você e as suas necessidades.

O teste foi desenvolvido em 1955 pelos psicólogos Joseph Luft e Harrington Ingham, cuja combinação de seus nomes batiza o teste: Johari. Uma das grandes características do teste é o conhecimento de si para melhorar os relacionamentos interpessoais. Vamos verificar a capacidade de expressar avaliações e a capacidade de receber os *feedbacks*.

Atenção às instruções

Feedback não é simplesmente uma crítica, mas informações a respeito de alguém e ao que essa pessoa faz (confira o Capítulo 12 para compreender melhor a importância de feedbacks para o professor*)*. Líderes devem possuir a habilidade de dar e receber *feedbacks*. Ou seja, devem saber ouvir as opiniões de outros ao seu respeito e, também, expressar opiniões sinceras e produtivas sobre outras pessoas. Neste exercício você encontrará diversas perguntas sobre relacionamentos interpessoais com respostas A e B. Você deverá atribuir uma pontuação de dez pontos, utilizando as seguintes combinações possíveis.

*Estas são as únicas combinações possíveis!
(10/0) – (0/10) – (8/2) – (2/8) – (6/4) – (4/6)

Veja os exemplos:

Se A for 2, B terá que ser 8, e vice-versa.
Se A for 4, B terá que ser 6, e vice-versa.

Se A for 0, B terá que ser 10, e vice-versa.

1. Se eu discuto no trabalho com outro educador por quem tenho grande estima e com quem percebo que devo cooperar para atingir um determinado fim, eu:

   _____ A – Sinto-me parcialmente responsável e tento me colocar na posição dele, vendo como ele pode estar sendo afetado.

   _____ B – Procuro não me envolver por medo de piorar a nossa relação.

2. Se, conversando com um educador ou educando, percebo que a conversa está caminhando para assuntos que não conheço, na maioria dos casos:

   _____ A – Busco mudar a conversa para assuntos que eu domino.

   _____ B – Admito abertamente que não conheço o assunto, mas o estimulo a prosseguir com a conversa.

3. Quando um educador ou educando expressa sua opinião sobre meu comportamento e baixo desempenho, frequentemente eu:

   _____ A – Encorajo-o para que exemplifique e explique melhor suas impressões.

   _____ B – Tento explicar o porquê de meu comportamento.

4. Se um colega educador com quem tenho um relacionamento próximo passa a me evitar, agindo de forma cordial, porém dissimulada, eu geralmente:

   _____ A – Chamo a atenção sobre a sua atitude e peço-lhe que diga o que está acontecendo.

   _____ B – Comporto-me tal como ele e passo a me relacionar superficialmente, já que é isso que ele deseja.

5. Se já tive, com algum de meus colegas educadores ou educandos, um grande desentendimento no passado e percebi que, a partir daí, ele se sente pouco à vontade comigo, frequentemente eu:

   _____ A – Evito agravar a situação e deixo o tempo resolver as coisas.

   _____ B – Procuro-o para falar das consequências dessa atitude no nosso relacionamento.

6. Se eu estou com algum problema pessoal, tornando-me irritável, descarregando minha tensão em coisas sem importância, e algum colega educador ou educando alerta-me sobre isso:

   _____ A – Digo que estou preocupado e gostaria de ficar sozinho sem ser incomodado até que as coisas se resolvam.

   _____ B – Comento e peço ajuda.

7. Se eu observo que algum educador ou aluno com quem tenho um relacionamento relativamente bom está assumindo atitudes que limitam sua eficácia, eu:

   _____ A – Guardo minha opinião com receio de parecer intrometido.

   _____ B – Digo o que estou achando e como me sinto a respeito dessas atitudes.

8. Se, em uma conversa, algum educador ou educando, inadvertidamente, mencionar um fato que possa afetar minha área de atuação, eu usualmente:

   _____ A – Procuro estimulá-lo a falar a fim de obter mais informações.

   _____ B – Deixo-o à vontade para que, espontaneamente, me dê ou não mais informações.

9. Se eu noto que algum educador ou educando, de minha relação direta, está tenso, preocupado e descarregando sua irritação em coisas pequenas, eu:

   _____ A – Procuro tratá-lo com muito tato, sabendo que esta fase é passageira e que seu problema é tão somente seu.

   _____ B – Procuro conversar com ele e mostrar-lhe como está afetando os outros à sua volta, inclusive a mim.

10. Conversando com algum educador que é muito "sensível", sobre sua própria atuação, eu frequentemente:

    _____ A – Evito ressaltar seus erros para não o melindrar.

    _____ B – Enfoco basicamente seus erros na tentativa de ajudá-lo.

TABULANDO AS RESPOSTAS

Para cada pergunta, vai nos interessar apenas uma resposta, seguindo a tabela abaixo para preenchimento.

ABERTURA		
Questão	Item	Pontos
1	A	
2	B	
7	B	
9	B	
10	B	
Total		

FEEDBACK		
Questão	Item	Pontos
3	A	
4	A	
5	B	
6	B	
8	A	
Total		

A soma de cada coluna apresenta o total de pontos de abertura e *feedback*. A pontuação total de cada coluna é um número qualquer entre 0 e 50.

A janela de Johari tem quatro quadrantes, cada um representando um aspecto da nossa vida interpessoal. O quadrante um representa a área de nossa vida conhecida por nós mesmos e conhecida pelos outros; é a área aberta. O quadrante dois representa a área de vida interpessoal conhecida pelos outros e desconhecida por nós; é o nosso ponto cego. O quadrante três é a zona oculta, que representa aquela área da nossa vida interpessoal que a timidez ou o medo não permite que nós tornemos pública. E o quadrante quatro é a zona desconhecida, praticamente é o nosso inconsciente, aquilo que desconhecemos sobre nós, e os outros também não conhecem.

	Eu conheço	**Não conheço**
Os outros conhecem	Zona livre (Abertura)	Ponto cego (Mau hábito)
Os outros não conhecem	Zona oculta (Introspecção)	Zona inconsciente (Desconhecido)

FONTE: Alves, Leonne, 2021.

Para parâmetros numéricos do nosso teste, vamos estabelecer que a linha superior horizontal representa os pontos de *feedback*, que vão de 0 a 50. E a linha vertical são os pontos de abertura, que também vão de 0 a 50. Dessa forma, marque com um lápis a pontuação de seus *feedback* e abertura e veja o tamanho da sua janela.

Esta janela representa sua zona livre. Você estará se desenvolvendo quanto mais aumentar a sua janela. Seu desenvolvimento deve ser na direção de feedbacks e abertura, diminuindo o ponto cego, a zona oculta, e se autoconhecendo.

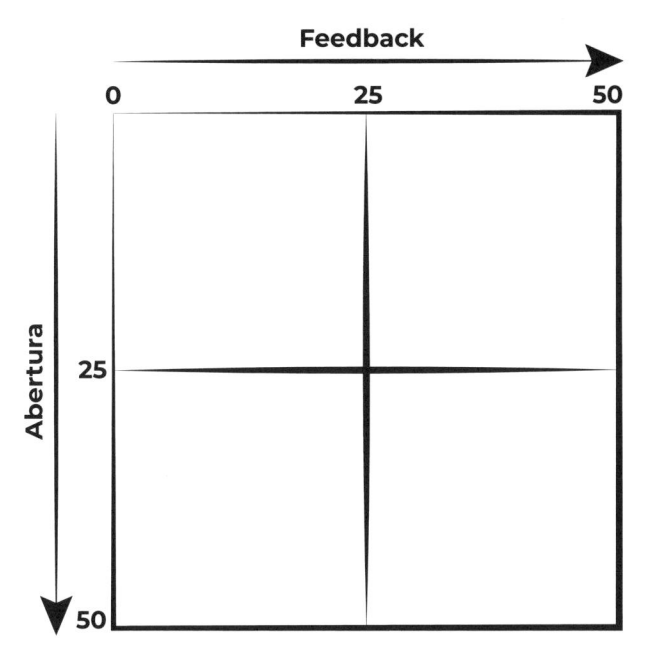

PERFIS DE LIDERANÇA PEDAGÓGICA E COMO UTILIZÁ-LOS

Feedback →
0   25   50

Abertura ↓
0
25
50

FONTE: Alves, Leonne, 2021.

PARTE 3

10 LIÇÕES PARA A CARREIRA DE EDUCADOR

CAPÍTULO 8

O QUE FAZER PARA COMEÇAR A MINISTRAR AULAS?

"Se é difícil, comecemos agora. O importante é começar."
—JOSÉ DE PAIVA NETTO

Quando eu ainda estava na graduação em Ciências Sociais, vários colegas tinham estas e outras dúvidas: como eu começo a ministrar aulas? Como ser contratado por uma escola? Como vai ser o primeiro dia de aula? Será que vou conseguir ministrar aula? Esse tipo de dúvida é muito comum em qualquer tipo de curso que tenha ligação com a docência, seja licenciatura ou bacharelado. O que vou contar agora é a minha experiência, que, acredito, pode ajudar você que está se direcionando para a docência.

A resposta à pergunta inicial "o que fazer para começar a ministrar aulas?" é muito simples: é ministrar aulas! Não existe uma fórmula mágica para se tornar educador. Lembre-se de que é *melhor feito do que perfeito e não feito!* E foi isso que eu fiz. Comecei a ministrar aulas. Lembro-me de que eu ainda estava na faculdade e procurei colocar currículo em uma escola de grande prestígio na cidade onde eu moro, para ser monitor. Entretanto, o que eles queriam me pagar para trabalhar meio período de segunda a sexta-feira não pagava nem minha passagem de ônibus. Foi então que eu comecei a oferecer meus serviços como professor de reforço da área de Humanas. Isso por volta de 2010. E foi assim que eu comecei. Qualquer disciplina que fosse da área de Humanas, que houvesse alguém precisando de aulas de reforço eu me oferecia. Então, eu ministrei aulas particulares de História, Geografia, Literatura, Filosofia, Sociologia e até de Língua Portuguesa.

Falando assim parece bem simples, mas não é — muito embora esteja mais fácil com as redes sociais. Então, aqui vai a dica fundamental para que você comece a ministrar aulas. Crie uma *network* física e virtual de pessoas, preferencialmente de educadores, e com mais ainda de educadores que possam lhe dar "aquela força" na hora de uma indicação profissional. Foi assim, como esses vários educadores conhecidos, que eu fui chegando até os alunos que precisavam de professores particulares.

Alguém procurava esses amigos e conhecidos que já atuavam em escolas e lhes pedia aulas particulares. Quando eles não podiam ou não queriam, me falavam: "Leonne, tem um aluno ou uma aluna que precisa de professor particular, os pais me procuraram, mas eu tô sem tempo... Eu posso te indicar, tu te garantes a dar aulas?" E eu prontamente aceitava.

Hoje com as redes sociais é mais fácil criar essas *networks*. Contudo, a expertise para utilização das redes sociais me faltava na época, então acabei montando uma *network* à moda antiga, de boca em boca e com número de telefone. Mas deu certo. Eu aprendi muito com as aulas particulares. Começar a ministrar aulas me possibilitou desenvolver a competência de me gerir, me liderar, me empreender, precificar meu trabalho e compreender os custos de oportunidades da minha carreira.

Porém, no campo da atuação, uma das coisas mais bacanas que aprendi com as aulas particulares foi desenvolver o poder de síntese na explicação. Isso porque quem o contrata como professor particular (reforço ou não) o faz com um objetivo específico: uma aula x, um tema x, e você tem uma ou duas horas para resolver esse problema específico dele. Então, saber fazer uma síntese daquilo que o aluno precisa, com objetividade, para que ele alcance o seu objetivo — um 10 em uma prova, passar de ano, recuperar uma nota, qualquer coisa —, foi uma das melhores habilidades que começar a ministrar aulas me proporcionou. E isso me ajudou bastante quando eu comecei a ministrar em escolas particulares.

Começar a ministrar aulas particulares me ajudou ainda com outra habilidade: como eu dava aula de diversas disciplinas, isso me forçava a ler e a estudar muita coisa, o que me ajuda muito hoje em dia na hora de montar aulas diferentes, integradas, interdisciplinares etc. Um bom exemplo é um vídeo que gravei para o meu canal (Leonne Domingues), no qual apresento um conteúdo interdisciplinar a partir da sociologia e da química. Isso me permitiu, ainda, ter mais confiança durante minhas aulas, diante dos alunos, caso surja alguma pergunta inusitada.

Aqui vai uma segunda dica para começar a ministrar aulas como professor particular. Use as redes sociais. As pessoas só vão saber que é professor particular se você oferecer seus serviços. Se ficar fazendo dancinhas na internet, as pessoas vão achar que você quer ser influenciador, e não alguém que vende um serviço. E mais uma coisa: cuidado com o excesso de conteúdo gratuito. Se está entregando de graça, ou seja, dando, por que contratariam você para ministrar? Portanto, nas redes sociais crie um *networking* de pessoas interessadas no tipo de serviços que você tem a oferecer.

Mas você pode também utilizar alguns programas de extensão universitária, como os Pets ou o antigo Programa de Consolidação das Licenciaturas (Prodocência), que tinha como meta ampliar a qualidade da formação de professores. Era um programa do Governo Federal que incentivava o exercício profissional de futuros docentes em projetos voltados à comunidade dentro da própria universidade. Mas esse não foi o meu caso, e eu acabei fazendo do modo antigo.

Atente-se ao fato de que algumas escolas fazem aulas testes para seleção de professores, então, se você já tiver algum traquejo didático com aluno, ajudará bastante. Portanto, se quer começar a ministrar aulas, comece! Seja em programas de extensão universitária ou aulas particulares, como eu fiz — não espere! O mercado de trabalho vai lhe cobrar experiência, e isso pode fazer toda a diferença.

CAPÍTULO 9

A DIFERENÇA ENTRE O PROFESSOR PERFEITO E O BOM PROFESSOR

"Faça o teu melhor, na condição que você tem, enquanto não tem condições de fazer melhor ainda!" — **MARIO S. CORTELLA**

Você, certamente, já foi confrontado por alguma pergunta ou colocação de um aluno ou colega professor, que o deixou naquela saia justa — se ainda não passou por uma situação dessas e pretende ir para a sala de aula, certamente essa hora vai chegar — em que você só tem duas alternativas: usar de toda a sua verborragia e enrolar para sair pela tangente; ou admitir que não sabe ou não conhece o assunto e, dessa forma, correr o risco de passar a imagem de um professor sem conhecimento, inculto, que comete erros, que não estuda etc.

Nessas horas, o que fazer? O educador pode admitir que não sabe? Que errou? Antes de dar a resposta que acredito ser a mais adequada para esses momentos, deixe-me contar uma situação que ocorreu comigo no meu primeiro ano como professor contratado em uma escola privada.

Eu ministrava uma aula sobre o surgimento da sociologia e falava da Revolução Francesa como um dos movimentos que vão influenciar o desenvolvimento da disciplina. Comentei, então, sobre os ideais liberais da revolução e, no *slide* da aula, coloquei o lema dos fisiocratas franceses: *laissez faire, laissez passer, le monde va de lui-même*; que em português seria: "deixe fazer, deixe passar, o mundo caminha por si mesmo". Só que um "bendito" de um aluno me perguntou como lia a frase no francês. Eu não falo nada de francês. E decidi me arriscar a ler. No mesmo instante, fui corrigido por uma aluna que tinha dupla nacionalidade, brasileira e francesa. Nesse momento um buraco se abriu sob os meus pés, igual desenho animado, mas felizmente eu tive jogo de cintura para sair dessa situação.

Mas o que me fez entrar nessa situação para começo de conversa? O medo de errar. O medo de não ser o professor perfeito. Como era o meu primeiro ano como professor em uma escola — até então só havia ministrado aulas como professor de reforço ou em projetos durante pesquisa e extensão —, fiquei com medo de parecer um professor inculto, que não sabia, então resolvi parecer ser o que eu não era: alguém que fala francês.

O medo criou na minha cabeça a ilusão do professor perfeito, acabado, que não precisa de mais nada. "Perfeito" vem do latim *perfectum*, que quer dizer aquilo que foi feito até o fim. Com 24 anos, eu tinha, assim como hoje ainda tenho, muito que caminhar até o fim, porque o fim é a morte.

O medo de errar me levou a cometer dois erros pedagógicos: o primeiro, não admitir que não sabia, que era limitado, que precisava aprender mais. O segundo, fingir que sabia. Há ainda um terceiro erro, que felizmente eu não cometi, que é não admitir que errei. Errar é humano. Errar não é errado. Não admitir o erro é que é errar. Então, professor, a melhor coisa a se fazer é admitir que não sabe. Admitir que errou.

Nem sempre queremos fazer isso. Afinal, é nossa área de trabalho. E ninguém quer parecer um professor "burro". Mas foi justamente por não saber admitir minhas limitações, meus erros, que eu acabei parecendo um educador idiota. E isso ocorre frequentemente por um problema de *mindset* (a palavrinha da moda). Nossa mente, pelo contexto que nos cerca, principalmente na faculdade, é programada para criar a ilusão de que já sabemos tudo o que precisamos para ministrar aulas, que o educador bom é aquele incorrigível, e muitas vezes aprendemos isso com a postura de alguns professores que tivemos. E por vezes acabamos esquecendo que não sabemos tudo.

Essa postura arrogante, que acabamos assumindo em algum momento, impede que nós cresçamos como educadores. O grande filósofo Sócrates classificava como tolo aquele que acreditava saber tudo de algo. Daí por que ele dizia "só sei que nada sei", e por isso mesmo ele era considerado o mais sábio pelo oráculo de Delfos.

O brasileiro, filósofo da educação, Paulo Freire alerta para algo interessante. Principalmente nos seus livros *Pedagogia da Autonomia* e *Pedagogia do Oprimido*, ele diz que o professor precisa saber que não sabe tudo e que o aluno sabe de alguma coisa. Todo professor, antes de ensinar, diz Paulo Freire (2016), precisa primeiro aprender. Aprender a aprender e aprender a ensinar. O professor não é perfeito, mas é perfectível. Ou seja, o professor está em constante aperfeiçoamento; somos inacabados.

É necessário mudar o *mindset* que não reconhece os erros, que não admite que não saiba e que necessita aprender mais. Foi errando — e eu errei muito — e admitindo que não sabia — e muitas vezes eu tive que dizer "não sei, mas vou pesquisar" — que eu descobri a diferença entre o professor perfeito e o bom professor.

O professor perfeito é aquele que jaz, que morreu, que não pode mais ser perfectível, que não pode mais aprender e, consequentemente, não pode ir além de onde chegou. A perfeição, portanto, é inatingível. O máximo que você pode conseguir é cometer o erro de fingir ser perfeito, de parecer algo que não é, e quando você faz isso já cometeu o primeiro erro, que é não admitir que não sabe.

O bom professor é aquele que sabe que é falho, que sabe que não sabe tudo, e que o outro sabe tanto quanto ou mais que ele, e sabe coisas diferentes. Por isso mesmo, o bom professor pode atingir a potência, que Paulo Freire chama de *ser mais*, a capacidade daqueles que estão sempre buscando. O bom professor é aquele que aprendeu com os erros, portanto errou muito, e porque errou e aprendeu com os erros ele é um pouquinho melhor do que quando começou.

Daquele dia em diante eu nunca mais me atrevi a negar não saber de algo. E esse foi o passo mais importante para começar a buscar mais conhecimento. Cada erro mostra que você não é perfeito, mas também mostra que pode ser bom. Porque ser bom é aprender com erros.

Então, educador, eu acredito que você pode e deve dizer que não sabe. Nós temos todo o direito de não saber de tudo. Você pode e deve admitir que errou, mesmo que seja um erro na sua área. Todo campo de conhecimento é vastíssimo, e ninguém jamais vai esgotar um determinado saber. É isso que faz o educador se tornar um professor pesquisador. A postura de professor sabichão, que não tem nada que ele não saiba, é a postura do professor que trata o aluno como uma tábula rasa na qual ele, o professor detentor do saber, vai depositar seu conhecimento.

Quando admite que não sabe algo, você sai de um pedestal em que pode ter subido sem perceber e fica mais próximo do aluno, porque, ao dizer que não sabe, você instiga o aluno a pesquisar para lhe contar. Afinal, o aluno quer trilhar esse caminho junto com você, este é o motivo pelo qual ele pergunta, questiona, faz ponderações. Então, admita que não tem todas as respostas e se comprometa consigo mesmo e com seu aluno a buscar mais.

CAPÍTULO 10

4 SUPERDICAS INFALÍVEIS PARA ENCARAR O MEDO/ NERVOSISMO DA SALA DE AULA

"Não importa o quão formidáveis sejam nossos talentos; ficamos restritos por comportamentos que limitam nosso desempenho ou definem os motivos para o nosso fracasso. Em outras palavras, nossas limitações pessoais determinam, em última instância, nosso nível de sucesso. Se você conseguiu identificar esses pontos fracos e traçar um plano para superá-los, logo vai experimentar uma explosão de sucesso, produtividade e felicidade em todos os aspectos da sua vida." —FLIP FLIPPEN

Medo da sala de aula? Você já passou por isso? Não? Já? Muitos de nossos colegas educadores, e mesmo estudantes que ainda estão se preparando para o exercício da docência, enfrentam esse problema clássico da nossa área. Dá aquele embrulho no estômago, a mão fica suada, dá branco, ficamos eufóricos, e às vezes esse medo de encarar a sala de aula o impede de agarrar oportunidades que aparecem para você iniciar a sua carreira.

O medo de sala de aula nada mais é do que uma variação de uma fobia social muito comum, que é a glossofobia. Achou o nome complicado? E que tal este: **medo de falar em público!** Esse é um dos maiores vilões de muitos profissionais, mas principalmente dos educadores.

Alguns gostam de falar de estatística, porém essas estatísticas de pessoas com fobia social são bem complicadas e por isso não vou tratar de números absolutos. Algumas reportagens falam de 60%, outras de 70%, e outras até de 80% da população com medo de falar em público. Fato é que os números são bem incertos.

De acordo com pesquisadores como Heimberg, Stein, Hiripi, Kessler, Walker e Forde (2000) e outros, o medo de falar em público consiste em um subtipo de uma fobia social. D'El Rey e Almeida (2002) afirmam que, no público em geral, o medo de falar em público é a forma mais comum de ansiedade social. Mas no nosso caso, como professores, esse medo pode ter contornos diferentes e trazer certos prejuízos à carreira. Isso porque quem tem medo de falar em público geralmente tem muito medo do julgamento que esse público pode fazer da sua performance.

Não sei se vocês já perceberam que há educadores que têm medo de um público específico, como professores que só conseguem ministrar aulas para uma determinada faixa etária. Por exemplo, se ele sair do Ensino Infantil para o Fundamental II ou Ensino Médio, ele trava e diz "eu me sinto melhor dando aulas para crianças". Tem educadores que realmente gostam de atuar com determinada série ou público, mas tem educadores que usam isso como desculpa para não encarar um público que pode ser mais questionador, mais complicado de lidar, que vai colocá-lo em situações constrangedoras. É normal gostarmos de determinado público mais do que outro, porém, quando você trava diante de uma turma porque é um público diferente, ou um público que o deixa mais desconfortável, aí, meu amigo, você tem um problema.

Eu mesmo já fiquei bastante nervoso diversas vezes. E de vez em quando ainda sinto certo nervosismo, dependendo do público. De onde o medo vem, eu não sei, mas vou lhe dar algumas dicas que me ajudam a lidar com o nervosismo quando ele surge e que podem ajudar você também.

Lembre-se: estas dicas podem ajudar, mas se você tiver um medo crônico, algo fora do normal, o ideal é procurar um psicólogo, que é o profissional mais indicado para ajudá-lo a lidar com o problema.

A DICA NÚMERO 1 É POSTURA CORPORAL E PRESENÇA.

Se você tem medo do julgamento dos outros sobre como será a sua performance em sala de aula, uma dica muito boa é criar uma presença de sala, uma postura, porque isso vai passar para os alunos, e para você mesmo, mais confiança. Dessa forma, se você **NÃO** é muito confiante, evite ficar sentado, porque isso vai colocá-lo numa posição intimidada em relação à sala de aula, então, preferencialmente, procure ficar em pé, com uma postura ereta. Use uma roupa com a qual você se sinta, ao mesmo tempo, confortável e que imponha aos outros a imagem que você gostaria de passar.

Lembro que, quando fui ministrar aulas na pós-graduação pela primeira vez, eu estava bem nervoso. Tinha pensamentos de hesitação, como: "É pós-graduação, será que vou dar conta?" Coloquei uma roupa social e criei uma presença na sala para ministrar. E a postura e a vestimenta me ajudaram muito a quebrar essa barreira.

A DICA NÚMERO 2 É A CLAREZA DA VOZ.

Se você tem medo da sala de aula ou fica nervoso, tente falar em voz alta e o mais claro possível. Eu sei que é difícil porque, quando estamos nervosos, a voz não sai, engasgamos, nós nos atropelamos nas palavras, trocamos o *r* pelo *l* e vice-versa. Porém, falar de maneira calma, clara e em bom tom ajuda a organizar o pensamento na hora de falar. Isso porque, para falar assim, é necessário respirar, e o controle da respiração faz com que a nos acalmemos.

Então, para conseguir utilizar a sua voz como forma de controlar a ansiedade, controle também a respiração. Outra dica importante é beber água para que a sua garganta fique hidratada; este é um bom truque. Portanto, tenha sempre uma garrafinha de água, porque, se bater o nervosismo por alguma razão ou se sua voz começar a falhar, essa garrafinha pode lhe dar o tempo necessário para respirar e se acalmar. Então, se estiver nervoso antes de entrar na sala de aula, respire fundo, beba água e solte a voz.

A DICA NÚMERO 3 É ESTUDE SEU CONTEÚDO.

De nada vai adiantar você cuidar da sua postura, da sua presença, da sua voz, se não dominar o conteúdo da sua aula. E este é o segundo ponto mais importante para você encarar o medo da sala de aula. Estude bastante o conteúdo, não apenas o básico necessário para a aula. Prepare-se para eventuais surpresas, perguntas ou questionamentos que possam surgir e que estejam ligados ao tema da aula.

Isso é muito importante, porque nada prende mais o aluno do que um professor que consegue transmitir domínio do conteúdo para eles. Muitos educadores usam de artifícios para "enrolar" na sala de aula, e esta vira um lugar de piadas desnecessárias onde o conhecimento acaba ficando em segundo plano. Isso não quer dizer que você não possa descontrair a sala de aula com um gracejo ou uma piada, porém há formas de fazer isso sem que precise fugir do conteúdo.

Sabe aquele professor que passa a aula toda contando piada, falando de assuntos aleatórios, contando histórias da vida dele? Os alunos podem até achá-lo "legalzão", "descolado", mas eles sabem que esse professor é "enrolão", e comentam sobre isso. Você sabe disso, eu sei disso, porque nós já fomos alunos, já tivemos esse tipo de professor, e era exatamente o que falávamos dele. Então, para você não ser o professor que busca subterfúgios para mascarar a falta de domínio do tema ou falta de didática, estude bastante.

A DICA NÚMERO 4 É PLANEJE A SUA AULA.

Esta é a dica mais importante. Porque não adianta estar todo "na pinta", com a sua roupa poderosa, com a voz afinada, dominar o conteúdo e não saber por onde começar. Monte a sua apresentação com início, meio e fim. Você precisa ter em mente por onde vai começar, em que momento vai abrir para perguntas e tirar dúvidas, em qual momento você vai resolver a atividade etc.

Planejamento é o grande segredo. É nesta etapa que você pode criar a sua performance de maneira que o ajudará a encarar o medo da sala de aula. Com o passar do tempo as aulas se tornam hábito e você já vai conduzir a aula inconscientemente. O planejamento já estará na sua cabeça, e talvez conduzir a aula de forma mecânica se torne um vício; cuidado! Mas, enquanto isso não acontece, prepare um rascunho num papel ou um slide-guia, crie mecanismos para que você conduza sua aula no tempo que tem.

Sabe como percebemos que o professor não planejou a aula? Quando ele vai ministrar aula e ela dura o início todo, ou o meio todo, ou acaba antes do horário. Quando ele não percebe que passou a aula toda na introdução. Às vezes a aula se torna empolgante, e é bom quando isso ocorre, mas o ideal é que se gerencie e não se perca no tempo de aula. Portanto, treine seu planejamento, falando sozinho ou apresentando para alguém. Lembra-se da turma de pós que falei anteriormente? Eu treinei várias vezes as minhas aulas, as explicações e os exemplos.

CAPÍTULO 11

6 DICAS QUE VÃO AJUDAR VOCÊ A LIDAR COM A AUTODESCONFIANÇA PEDAGÓGICA

"Determinação, coragem e autoconfiança são fatores decisivos para o sucesso." —**DALAI LAMA**

Já sentiu aquela sensação de que você não é bom educador? Que não sabe ensinar? Que o baixo rendimento dos alunos é culpa sua? Esta é uma sensação depressiva, de frustração, que faz com que duvidemos de nós mesmos. Então vêm à mente aqueles pensamentos como: *eu não consigo, não dou conta, não sou bom, eu não isso, eu não aquilo.* Se você passa ou já passou por isso, saiba que não é o único. Quase todos nós, educadores, passamos por essa fase que eu chamo de "autodesconfiança pedagógica". Às vezes essa sensação é tão grande que extrapola o profissional e achamos que não somos bons em nada.

É necessário entender que esse sentimento é uma espécie de defesa inconsciente, uma barreira para evitar que você se frustre com algumas situações na vida. Até que é normal ter um pouco desse sentimento. Você deve perguntar: Leonne, então qual o problema? O primeiro problema é o de *mindset;* essa desconfiança cria crenças limitantes ("eu não consigo", "não dou conta", "não sou bom", "eu não isso", "eu não aquilo"). O segundo problema é o excesso! Desde a Antiguidade, os filósofos já alertavam para o problema dos extremos, dos excessos — já falei que o grande segredo herdado deles é o equilíbrio. Tudo em excesso faz mal. Então, quando você, educador, tem desconfiança demais de si mesmo, é óbvio que isso não pode fazer bem e o leva a se autossabotar pedagogicamente.

Educadoras e educadores, qualquer cientista vai lhe falar que o nosso humor — nosso cérebro — é orientado por hormônios, ou seja, depende do conjunto de hormônios que estão atuando em você. Então, você pode estar cultivando pequenos hábitos que o sobrecarreguem de hormônios que o deixam depressivos e para baixo. Portanto, as dicas aqui são para ajudá-lo a se aliviar desses hormônios que o deixam mais tensos, estressados e para baixo, que acabam transbordando para sua vida profissional.

1 – EVITE SE COMPARAR COM OUTROS PROFESSORES.

A falta de confiança que sentimos algumas vezes, profissional e pedagogicamente falando, com frequência está associada à comparação. Geralmente essa comparação é feita com outras pessoas que estão em outro nível profissional, acima, então é claro que a comparação pode ter efeitos negativos, fazendo com que nos inferiorizemos, nos desmereçamos. Aí vêm pensamentos como: *a aula dele é melhor que a minha; por que eu não consigo dar uma aula tão boa como os outros?*

Então, professor, não se compare. Quando vemos um professor que faz sucesso, com quem todo mundo aprende, cuja aula todos gostam etc., nós estamos vendo apenas o resultado de uma longa caminhada. O que quero dizer é que nós não conhecemos a caminhada desse professor que alcançou o sucesso. Por exemplo, há uma diferença enorme de quando eu comecei a ministrar, aulas dez anos atrás, para este Leonne que hoje escreve livros e faz palestras, mentorias e vídeos para as redes sociais. Então, não fique se comparando, principalmente com que já está estabelecido e tem anos de experiência. Não se compare, apenas continue o seu caminho.

2 – EVITE A IMITAÇÃO.

Outro problema — irmão da comparação — é a imitação. Este é um problema que vem junto com a comparação. Se o processo de comparação o deixou com aquela sensação de que você "não sabe" e "não consegue", isso pode nos levar a pensar que imitar o que outro profissional faz — forma de falar, de gesticular, de compartilhar o conteúdo etc. — pode, também, nos levar a ter sucesso.

Isso é um engano! Parecerá sempre algo forçado, e nem você nem seus alunos ficarão à vontade. Isso porque cada um tem um jeito peculiar (veja os perfis pedagógicos do Capítulo 5 e os tipos de liderança no Capítulo 7), uma forma de falar, de se portar, uns são mais sérios, outros nem tanto, uns mais descontraídos, outros mais metódicos. Forçar uma personalidade que não é a sua parecerá caricatura e pode impactar negativamente.

É claro que nós sempre teremos uma referência profissional, aquele professor inspiração, modelo. E é saudável que nós o tenhamos. Mas não devemos imitá-lo. Ele deve servir de inspiração para que nós descubramos o nosso próprio jeito de fazer. Então não imite outros professores que você julgue serem melhores que você, porque isso não vai resolver o problema. Tenha calma e continue buscando, que vai encontrar o seu fazer pedagógico.

3 – ACOLHA-SE: TENHA AMOR-PRÓPRIO!

Esta talvez seja uma das coisas mais difíceis de fazermos, porque quando temos um objetivo, quando queremos realizar algo, nós nos cobramos bastante, colocamos nossos parâmetros lá no alto. E isso é bom, afinal de contas é o que vai levá-lo a ser um professor de sucesso. Porém isso frequentemente faz o nosso autojulgamento ser muito mais severo que com os outros. Então lhe vem à cabeça coisas como "meu Deus, os alunos vão perceber que eu não sei dar aula", "não consigo preparar aulas", "eu não sei fazer um plano de aula que preste" etc. Professor, se acalme e se acolha. **TENHA AMOR-PRÓPRIO,** afinal você tem todo o direito de estar aprendendo e se desenvolvendo. Ninguém sabe tudo.

E sabe o que é mais contraditório? É que você, com certeza, é mais compreensivo e tolerante com os outros, principalmente com seus alunos. Assim como os alunos precisam ser acolhidos, os professores também precisam. Dito isso...

Você, coordenador pedagógico, seja mais acolhedor com o professor que está começando ou precisando de ajuda.

Professor, tenho certeza de que há um enorme potencial em você. Acolha-se também, pois assim vai perceber seus pontos fortes.

4 – VALORIZE-SE.

Comentamos do irmão da comparação, então falaremos também do irmão do acolhimento, a valorização. Valorize-se. E isso não tem nada a ver com mentalizar o que você valoriza para atrair. Estou falando de valorizar o que você tem de bom. Lembre-se de que ser professor é muito mais que apenas transmitir conteúdo. Você é uma pessoa que é boa em ouvir as pessoas, gosta mais de ouvir que falar? Isso é fantástico. Ouça seus alunos, escute o que eles têm a dizer sobre como a aula pode ser.

Mas, se você é daquelas pessoas que gostam de falar, use o seu dom da palavra para transmitir mais que os conteúdos. Transmita mensagens de ânimo, incentivo. Você pode ser uma pessoa que gosta de filmes, músicas. Bacana! Leve isso para a sala de aula. Valorize-se. Busque o que você gosta, o que lhe faz bem, e leve isso para sala de aula que "não vai ter erro"!

Por exemplo, eu gosto muito de palestras e conteúdos de desenvolvimento pessoal. Então sempre separo um momento, no decorrer dos bimestres letivos ou quando percebo que a turma está precisando de um novo ânimo, para levar alguma mensagem diferente.

5 – CONHEÇA O EDUCADOR MAIS IMPORTANTE! VOCÊ!

Você é o educador mais importante. Você tem seus ídolos, seus modelos, aquele educador que o inspirou, mas o educador mais importante é você. ***É você o diamante bruto no qual está trabalhando.*** Procure se conhecer, entender seus motivos, o que o motiva a ministrar aulas! E eu não estou falando de utopias, como "eu dou aulas por amor", "eu dou aulas porque eu penso no futuro dos jovens"... NÃO! Pode ser que você, neste momento, diga "eu dou aulas porque isso paga as minhas contas", e este é um excelente motivo para se aperfeiçoar: querer se aperfeiçoar para ser um profissional mais valorizado financeiramente. Não tem que ser aquela coisa de "professor tem que trabalhar por amor". Educador também paga conta. Não seja hipócrita com você mesmo. Seja porque você tem uma identificação íntima com a profissão ou porque acha que tem um bom retorno financeiro, invista em você: você é o professor mais importante. Invista em você porque isso vai lhe dar mais autoconfiança para encarar suas responsabilidades como educador.

6 – POR ÚLTIMO, MAS NÃO MENOS IMPORTANTE, PRATIQUE ATIVIDADES FÍSICAS.

Lembre-se de que seu cérebro e seu humor funcionam à base de hormônios. Então ajude seu corpo a manter em alta os hormônios que o farão se sentir bem consigo mesmo. Quando estou estressado ou cansado do trabalho, com a mente confusa, eu procuro correr, que é uma atividade da qual gosto bastante. Quando se pratica atividades físicas, hormônios como endorfina, serotonina e outros, responsáveis pela sensação de bem-estar, são jogados no nosso corpo. Isso ajuda a adquirir equilíbrio emocional. Atividade física ajuda a aumentar a estima, alivia o estresse, melhora a memória, diminui a insegurança e a ansiedade. Portanto, a prática de atividades físicas vai ajudar você a lidar melhor com as dicas anteriores.

CAPÍTULO 12

ALUNO ADORA DAR FEEDBACK

"As grandes conquistas da humanidade foram obtidas conversando, e as grandes falhas pela falta de diálogo." –
STEPHEN HAWKING

Sempre que iniciamos uma turma nova, ou seja, alunos que "não eram nossos" e "agora, são", nós enfrentamos o desconhecido. Durante muito tempo, eu levava meses para encontrar o ritmo com uma turma nova. Até eu entender a turma, saber o que funciona com eles e o que não funciona, levava no mínimo um bimestre letivo. E foi assim até muito recentemente. Embora a pandemia tenha nos obrigado a reformular o nosso fazer pedagógico — o que de certa forma me forçou a mudar a forma de ministrar aulas —, ainda não é da maneira que eu gostaria.

É normal fazermos as coisas por tentativa e erro, e é quase inevitável iniciar todo ano letivo fazendo a mesma coisa que fizemos com a turma anterior. Isso é natural, estamos apenas seguindo a lei do menor esforço — mesma forma de abordar o conteúdo, mesmas piadas, mesmos exercícios etc. — e, invariavelmente, obtemos os mesmos resultados, quase sempre medíocres. Sejamos sinceros.

Eu percebi que eu estava conformado em minha zona de conforto pedagógica. Havia me conformado em obter resultados medianos. Os anos como professor me fizeram criar o vício de "empurrar com a barriga" o meu desempenho. Eu criei aquele vício de pensar assim: "Todo 1º ano é 1º ano, todo 2º ano é 2º ano." Eu estava preso aos conteúdos correspondentes àquela série, e não ao perfil da turma que eu recebia para dialogar aqueles conteúdos.

Porém trabalhar como professor em escola pública me forçou a repensar todo o meu fazer pedagógico, a encontrar um meio de lidar com esse problema. Chegavam as avaliações, e eu percebia um desempenho regular na maioria dos alunos, e em alguns, um desempenho insatisfatório. Então vêm aqueles problemas de ter que aplicar trabalho extra, avaliação substitutiva etc.; por vezes, nós somos pressionados pela escola a fazer isso. É claro que nem sempre desempenho insatisfatório das turmas se trata de problemas com a didática de professor. No entanto, isso me incomodava. Afinal, modéstia à parte, eu tenho certeza da clareza com a qual eu explico o conteúdo. Foi buscando encontrar formas de me refazer pedagogicamente que descobri como lidar com esse problema que costuma durar alguns meses, sempre que começamos um novo ano letivo: como descobrir os caminhos pedagógicos e didáticos que podem ser seguidos com as turmas de maneira mais rápida e eficaz?

Mas, afinal, o que eu fiz? O que fiz foi ouvir. Sim, ouvir as turmas. Saber o que eles pensavam da disciplina, do meu modo de ministrar aulas, dos conteúdos, dos exercícios etc., ou seja, eu busquei um *feedback* das turmas. Um *feedback* é o que as pessoas pensam sobre você e/ou seu trabalho. É uma avaliação que lhe permite enxergar seus pontos cegos para corrigi-los.

E foi muito legal compreender como eles percebem a disciplina e as ideias que têm para ela. Como eles acham que determinada ferramenta poderia ser utilizada etc.; se eles percebem a disciplina no seu dia a dia, o que eles sugerem para a melhoria da disciplina. Passei a fazer isso com todas as minhas turmas desde então.

E esta é a dica que eu deixo para vocês. Escutem as turmas de vocês. Busquem *feedback*. Porque aluno adora dar *feedback* sobre o professor e a disciplina. Eles adoram falar sobre os professores e a escola, a universidade; eles gostam de saber que são relevantes. E uma das formas de ouvir é por meio de questionário. Assim, você terá dados objetivos em cima dos quais poderá trabalhar.

NENHUMA TURMA É IGUAL: PAU QUE DÁ EM CHICO NÃO DÁ EM FRANCISCO.

Para mim, que sou professor de humanas, o *feedback* foi uma forma de compreender melhor o perfil dos alunos que eu lidero em cada turma, de maneira a potencializar a minha didática. E eu ainda estou no meio desse processo de transformação, que nunca acaba; de sempre me reencontrar pedagogicamente. As minhas redes sociais, o canal Leonne Domingues (antigo Antropofágico) surgiu a partir de dados que foram coletados num questionário com as turmas. É por isso que lá há vários vídeos de sociologia para o Ensino Médio. E você, professor, pode ficar à vontade para utilizá-los em suas aulas e indicá-los para os seus alunos.

Outra coisa legal é que, aplicando um questionário ou outra metodologia de escuta, o professor pode ter um perfil mais detalhado das preferências do aluno, além de elementos socioemocionais. Essa turma tem um perfil com mais baixa estima? É mais confiante? Eles se veem como pessoas depressivas? É uma turma que gosta mais de músicas ou de filmes? É uma turma em que eles acham que funciona mais prova tradicional, seminários, trabalhos? Se você é professor de alunos em situação de vulnerabilidade, pode incluir nos questionários perguntas para saber se a turma tem muitos alunos que vão para aula sem tomar café da manhã, se almoçam, descobrir a frequência com que isso ocorre e, auxiliar junto à coordenação, no que for necessário para melhorar o rendimento.

Recentemente, ao assumir uma turma de Educação e Direitos Humanos em um curso de licenciatura, usei esse recurso para conseguir trabalhar com uma turma muito desafiadora. A turma possuía apenas cinco alunos. Sim, uma turma de graduação com apenas cinco alunos. O restante da turma havia desistido por conta da pandemia, e os cinco estavam completamente desestimulados e apáticos. Fiquei em pânico pedagógico! Entrou em ação a percepção da liderança: *o que eu faço?* Nada funcionava, os alunos não liam os textos, chegavam todos com vinte ou trinta minutos de atraso, às vezes mais. Resolvi ouvir a turma. Elaborei um questionário para que pudesse ter dados mais objetivos possíveis da turma. E o que eu descobri foi que, dos cinco alunos, quatro se identificavam com ansiedade e um com depressão. Isso permitiu adaptar minha metodologia, mudar os conteúdos e a dinâmica das aulas. Os alunos passaram a ler e a participar mais das aulas. Considero a mudança um sucesso, dado todo o cenário. Mas isso só foi possível graças ao *feedback*.

E esses dados podem poupar você, educador, de perder um semestre, às vezes dois, ajustando a sua metodologia ao que funciona na turma como um todo. Se a sua escola tem internet, laboratório de informática, então faça isso com formulários online, como o Google Forms, ferramenta online que faz a tabulação dos dados, com os gráficos etc. Não precisará fazer como eu, que imprimi diversos questionários e estou ainda, até hoje, tabulando no Excel aproximadamente trezentos questionários, com mais de 2 mil dados em respostas gerados. Não me arrependo, mas não é prático. Pelo menos isso pode me render um bom material para publicação em breve.

Portanto, cada *feedback* pode gerar uma possibilidade inteiramente nova de caminhar com as turmas ou de revisar seu planejamento. Pode ajudá-lo a definir mais claramente os objetivos da disciplina e os conteúdos mais importantes a serem trabalhados com cada turma. Então, busque esse *feedback* dos alunos para chegar ao sucesso.

CAPÍTULO 13

SAIBA O QUE FAZER QUANDO O ALUNO DIZ QUE NÃO GOSTA DA SUA AULA!

"Ao lidar com pessoas, lembre-se de que você não está lidando com seres lógicos, e sim com seres emocionais." —
DALE CARNEGIE

É quase certo que você já ouviu alguém dizer que não gosta da sua aula. E as razões podem ser as mais variadas possíveis. O aluno pode não gostar dela por n fatores, dos mais plausíveis aos que, provavelmente, só têm sentido na cabeça dele. Mas o fato é que qualquer educador fica abalado, nem que seja um pouco, quando o aluno diz que não gosta da sua aula — afinal você estudou, planejou a aula, viu os melhores materiais, preparou exercícios etc. É claro que sabemos que têm alunos que não gostam da nossa aula, mas, quando o aluno olha no nosso olho e diz... Nossa! Isso tira o chão de qualquer educador.

Você e eu fomos alunos e, assim como os nossos alunos, nós também tínhamos os professores cuja aula nós não gostávamos. E isso é absolutamente normal. A questão é: *o que fazer diante desse tipo de situação?* Muito provavelmente, já ouviu conselhos para deixar para lá, afinal, uns vão gostar da sua aula e outros não. Trabalho que segue! Outros professores tomam uma atitude mais agressiva e soltam logo: "minha aula não é pra te agradar, é pra você aprender!"; ou "eu não estou aqui pra agradar você, se você não gosta da minha aula, eu dou aula pra quem gosta"; ou ainda, "eu não posso fazer nada, a minha aula é assim!".

Você concorda comigo (ou não) que esse tipo de atitude é uma atitude arrogante? *Apesar de ser uma atitude agressiva, é uma postura defensiva, de alguém inseguro com o seu método e que tem medo de sair da sua zona de conforto!* O professor que age assim, além de não agir profissionalmente, prejudica o processo de ensino-aprendizagem. Portanto, escute o aluno que diz que não gosta de sua aula. O aluno que lhe diz isso abertamente é o melhor amigo que um professor pode ter em uma sala de aula. Isso porque, apesar de parecer uma atitude meio *blasé*, a fala vem carregada de verdade.

Lembra que falei que o aluno pode não gostar das aulas por n razões? Uma delas pode ser que ele não consiga compreender as ferramentas pedagógicas, ou possua alguma insuficiência pedagógica ou de conteúdo para acompanhar as suas aulas. E isso, muito provavelmente, fará com que ele não goste das suas aulas. Lembre-se de que o aluno raramente tem a maturidade necessária para identificar que esses podem ser os possíveis problemas que interferem no fato dele "não gostar da sua aula".

Vou relatar duas experiências pessoais.

Quando eu estudava no Ensino Médio, eu odiava as aulas do meu professor de Química. Mas tinha uma razão. No primeiro ano do Ensino Médio, estudei em uma escola pública, em que havia um problema com as aulas de Química: não tinha professor! No meio de ano, meus pais me trocaram de escola, e na escola nova o pessoal já estava vendo cálculo estequiométrico, nox etc. Eu não entendia absolutamente nada! Quando tentava tirar a dúvida, continuava não entendendo por que eu tinha uma insuficiência de conteúdo. A razão era essa. Só que não tinha maturidade para identificar o meu problema. Então, coloquei na minha cabeça que não gostava daquela aula. Como só tinha um professor de química, isso era o mesmo que não gostar da disciplina toda.

Outra situação ocorreu muito recentemente, já como professor, quando um aluno me revelou não gostar muito da minha aula. Ele disse que o conteúdo parece legal, mas que não gostava muito da minha aula porque eu falo muito "difícil". Essa fala do meu aluno pode revelar duas coisas: 1) que realmente eu estivesse usando um vocabulário inadequado à faixa etária e à série; 2) poderia ser que o aluno tivesse um vocabulário muito reduzido no que se refere à linguagem formal.

Então, quando um aluno diz que não gosta da sua aula, é o melhor momento para começar a se reinventar pedagogicamente. E é o que estou fazendo. Já pesquisei metodologias para contornar esse problema relacionado a minha linguagem. Se você não sair da sua zona de conforto, não conseguirá aprimorar o processo de aprendizagem.

Você pode me retrucar: "Mas, Leonne, é só um aluno!" Essa é a armadilha que a nossa mente, o nosso *mindset* acostumado à zona de conforto, cria. Não é só um aluno! *É só um aluno que resolveu falar, ser franco, ser sincero com você; é um aluno que resolveu ajudá-lo, lhe dar a oportunidade de fazer diferente.* Muitas vezes quando esse "um" aluno se manifesta é porque isso já é quase consenso na turma.

Quando eu parei para investigar com a turma sobre a minha linguagem em sala de aula, foram poucos os que disseram não terem problemas com a linguagem, e acabei descobrindo que esses poucos eram os poucos que tinham o hábito da leitura. De agora em diante, fazê-los ler mais será um dos métodos que eu utilizarei.

Portanto, escute o aluno, aproxime mais ainda o aluno que diz não gostar da sua aula. Ele pode estar lhe dando uma oportunidade de ouro, que pode ajudá-lo não somente a manter o seu emprego — uma vez que muitas escolas privadas hoje em dia fazem uma consulta sobre o desempenho de professores e coordenadores com os alunos —, como pode ajudá-lo a crescer profissionalmente. Ao dizer que não gosta da sua aula, o aluno já deu o primeiro passo em direção ao diálogo mais profundo entre professor e aluno, para que juntos possam criar pontes para conhecimento. Aproveite esse *feedback*.

CAPÍTULO 14

5 DICAS PODEROSAS PARA LIDAR COM O ALUNO POLÊMICO NA SALA DE AULA

"A vida está cheia de oportunidades que, se aproveitadas de forma criativa, transformam-se em oportunidades." –
MARXWELL MALTZ

Certamente algum aluno já confrontou seus conhecimentos em sala de aula. Resolveu testá-lo. E se você percebeu o que ele fez, ficou pensando *"Ahh seu..."*. Talvez isso ocorra com menor frequência se você for de Exatas, porque, geralmente, a maioria dos alunos tem medo dessas áreas. Porém já não tem sido tão assim, pois muitos alunos, hoje em dia, desafiam professor de Física a provar que a Terra é geoide. Mas se você é da coordenação, área de Humanas, Linguagens e Biológicas, isso ocorre com maior frequência. Esses alunos são quase sempre rotulados de alunos problemáticos, chatos, irritantes, que costumam dar trabalhos... **São polêmicos.** No entanto, eu NÃO gosto de chamar eles de alunos problemas, porque não são. Eu os chamo de **alunos estímulos.**

Hoje em dia a informação está a um clique de quase todo mundo, e principalmente dos alunos. E não apenas isso, mas existe uma infinidade de fontes de informações. Todo mundo é inundado de informações dos mais variados tipos, principalmente se for uma pessoa que vive conectada — o que hoje é comum. No mundo conectado, informações que se contradizem ou não têm base sólida são largamente veiculadas, isso sem falar nas informações falsas criadas com o único propósito de prejudicar alguém ou algum grupo.

Esse mar de informação, e de desinformação, é muito tentador para os jovens, o que faz com que frequentemente eles nos confrontem sobre posicionamentos históricos e científicos, e questões polêmicas, às vezes irritantes. Eles estão buscando colocar as informações à prova ou apenas, às vezes, testar o educador. Nessas horas, o que devemos fazer? As respostas podem ser as mais variadas possíveis, contudo eu compartilho com você as atitudes que tomo e que têm funcionado bem até o momento.

NÃO IMPEÇA O ALUNO DE FALAR.

Nunca impeça o aluno de se manifestar sobre o assunto que está sendo discutido em sala de aula e de se posicionar sobre o que ele pensa. Afinal, a sala de aula é um espaço para isso. É o espaço do dissenso. Ainda que a argumentação esteja pautada em alguma corrente de WhatsApp, na doutrina religiosa ou tenha qualquer absurdo científico, o debate, se você souber conduzi-lo, só deixará sua aula mais rica em termos de explicação e conteúdo.

Lembre-se de que o aluno não é uma tábula rasa, portanto, ele tem suas impressões do mundo, de classe, de religião etc. É natural, e até saudável, que ele as confronte. Como diz Paulo Freire (2016), o aluno sempre sabe alguma coisa. Então, não podemos fazer da sala de aula um espaço de educação meramente decorativa. Portanto, permita que o aluno se expresse, mas esteja seguro e preparado para isso.

NÃO TRATE A SITUAÇÃO COMO ALGO PESSOAL.

Seja o mais profissional possível. Nunca leve uma discordância em relação a qualquer assunto em sala de aula para o lado pessoal, principalmente se for de caráter político ou questão ideológica. Ou seja, não bata boca em sala de aula porque o aluno discorda do seu posicionamento, não importa o quão absurdo possa parecer. Ele pode defender que a Terra é plana, que a gravidade não existe ou que o Partido dos Trabalhadores (PT) implementou o comunismo no Brasil. Você não deve partir para uma discussão de ataques pessoais, ofensas e xingamentos, nem dizer que o aluno é alienado, burro e coisas do gênero. **NUNCA!**

Algumas pessoas são facilmente levadas pela emoção, e, por mais óbvia que esta dica seja, tem professor que faz isso. *Sobretudo, se você "bateu boca" por causa disso na sala de aula, o que já está errado, jamais leve essa "treta" para as redes sociais, em hipótese alguma.* As redes sociais são terra sem lei. Você "se queima" e "queima a escola". Como diz o ditado: se tem aviso, tem história. Dou o alerta porque já vi professor fazer isso; não se contentando em "bater boca" com o aluno em sala de aula, foi bater boca com aluno no Twitter.

Você pode perguntar: "Leonne, mas e se o aluno me xingar ou me ofender em sala de aula por conta disso?" Chame a coordenação e exponha o caso. Afinal de contas, *o aluno não é o professor, nem a autoridade responsável na sala; você é o líder. Comporte-se como tal, pois é o que os liderados esperam.*

USAR DADOS, CONCEITOS, AUTORES E ESTATÍSTICAS OFICIAIS.

Esta talvez seja a dica mais importante deste tema. *ATENÇÃO!*

Muitos alunos, ao questionar professores, principalmente se posicionando de modo contrário a algum tema ou assunto em sala de aula, o fazem motivados por questões de ordem subjetivas, pessoais. E isso é algo que eu presenciei bastante nos últimos anos. Há alguns anos, geralmente esses posicionamentos eram sustentados em uma questão de sociabilidade primária, ou seja, no núcleo social mais próximo; os posicionamentos mais relutantes a certos conhecimentos vinham da influência que a família exerce. Era algo como: "Meu pai disse que isso é besteira" ou "minha mãe disse que isso não é assim".

Hoje, como as redes sociais penetraram bastante no processo de sociabilidade, os argumentos são: "No canal Tal eu vi que isso não é assim", ou "Fulano (um influenciador, ou *youtuber* qualquer) disse que isso é besteira". Não se engane: atualmente é mais difícil contra-argumentar do que era antes, dada a capacidade de influência que as imagens possuem no mundo atual.

Então, sempre use os dados. Explane-os numa linguagem simples. Não se trata de reduzir o conceito, mas de utilizar a transposição pedagógica adequada à série e à idade. Use números e estatísticas oficiais. Apresente estudos de casos de forma analítica, com argumentos claros. Indique livros e artigos que possuam uma linguagem mais acessível, ou mesmo entrevistas com professores e outras autoridades no assunto. Sobretudo, jamais utilize das mesmas fontes imprecisas de argumentação que, porventura, o aluno possa estar usando: WhatsApp, YouTube, aspectos meramente ideológicos ou religiosos.

Se, mesmo você fazendo isso, o aluno insistir na discordância, apresentando um comportamento birrento de quem não dá o braço a torcer por capricho, lembre-se de que essa reação também é normal, afinal são crianças e jovens, em sua maioria, e muitos são criados para serem pessoas mimadas — embora também encontremos esse comportamento birrento no Ensino Superior, infelizmente. Não obstante, se isso ocorrer, você fez o que deveria ser feito e demonstrou está disposto a fazer a sua parte. Como diz Paulo Freire (2019, p. 96): "Ninguém educa ninguém, como tampouco ninguém se educa a si mesmo: os homens se educam em comunhão, mediatizados pelo mundo." Portanto, se o aluno não estiver aberto à troca, isso não vai acontecer, mas é importante que você demonstre estar aberto.

USE A DISCORDÂNCIA PARA PROMOVER ATIVIDADE PEDAGÓGICA (JÚRI SIMULADO, DEBATE ETC.).

Algumas vezes as discordâncias são muito acentuadas e possuem um caráter de reflexão verdadeiro do aluno, ainda que não embasado teoricamente e carente de dados. Se isso acontecer, aproveite a oportunidade para lançar uma atividade pedagógica que motive a turma a pesquisar mais sobre o assunto. Este é um excelente momento para lançar mão das chamadas metodologias ativas.

Procure transformar o que poderia ser um momento de desconforto (sim, desconforto; o aluno, na grande maioria das vezes, ao defender seu posicionamento diante do mestre, está nervoso). Então, aproveite e transforme o desconforto em um momento de troca pedagógica com toda a turma. Procure utilizar dinâmicas de socialização do posicionamento. Dinâmicas já entraram em moda, já saíram de moda, e hoje em dia estão na moda de novo. Porém dinâmicas no geral funcionam bem para essas questões. *As dinâmicas despertam a empatia, o senso de grupo e o respeito ao próximo, sendo ótimas ferramentas para serem utilizadas nessas situações.*

QUINTA E ÚLTIMA DICA É: USE ESSE MOMENTO PARA SAIR DA SUA ZONA DE CONFORTO E MUDAR O SEU *MINDSET*.

Não importa há quanto tempo você atua na docência, sempre haverá situações que criarão desconforto na sala de aula. Mas a boa notícia é que não é fim do mundo. Esse tipo de situação ocorre para nos tirar da nossa zona de conforto e nos impulsionar em direção ao crescimento profissional. Para lidarmos com esse tipo de situação, precisamos estar bem preparados. É necessário estar com as leituras em dias e atualizadas, pesquisar os dados, o que há de novo na nossa disciplina, no tema que está sendo abordado. Verificar que livros e artigos são possíveis indicar para o assunto pretendido.

Quando esse tipo de situação ocorre só existem duas coisas a fazer. A primeira: encarar a situação do ponto de vista mais passional e mesmo defensivo, coagindo o aluno e permanecendo na sua zona de conforto. Ou a opção, que eu acho mais enriquecedora: *aproveitar a situação e começar uma mudança no seu mindset*. Portanto, a partir de agora comece a pensar nesses alunos NÃO como alunos problemas, mas como alunos estímulos. Esta é uma das mudanças que você precisa aplicar no seu *mindset* a partir de agora. Porque esses alunos estimulam o educador a sair da zona de conforto e a promover uma mudança em si mesmo para promover uma mudança na turma.

CAPÍTULO 15

EVITE ESTES 5 ERROS E SEJA UM PROFESSOR DE SUCESSO

"Os sábios aprendem com os erros dos outros, os tolos com os próprios erros e os idiotas não aprendem nunca."
— PROVÉRBIO CHINÊS

O começo de qualquer profissional é complicado. Isso porque iniciar uma carreira é desgastante, exige esforço, determinação, abdicação e resiliência — diversas qualidades que muita gente fala e que você, certamente, já ouviu bastante. Quando vemos um profissional estabelecido, que conseguiu fazer seu nome ou ganhar notoriedade, em qualquer área, logo pensamos: "Esse cara deve ser muito inteligente", "Esse cara deve ter um talento natural para isso". Mas a verdade é que, na grande maioria dos casos, os profissionais de sucesso foram os que mais insistiram, persistiram e aprenderam com seus erros.

Este é um dos pontos centrais para o sucesso, aprender com os erros. O problema é ter que errar primeiro para isso. O outro problema é que errar pode custar caro, pode custar, inclusive, o emprego. Pensando nisso, eu gostaria de compartilhar com você cinco erros que já cometi, mas com os quais aprendi bastante, e que deve evitar, a fim de diminuir sua curva de aprendizado para alçar a sua carreira docente até o sucesso de forma mais eficiente.

O PRIMEIRO ERRO:
NÃO SABER O QUE O MOTIVA E SER EDUCADOR.

Qual a sua motivação em ser educador? O que o motiva a trilhar esse caminho? Eu já falei isso anteriormente, mas irei repetir: não minta para você sobre isso! A sua motivação pode ser uma motivação financeira. Você pode estar dizendo agora: "Leonne, eu estou ministrando aula porque foi a porta que se abriu para mim e isso paga as minhas contas", ótimo, esse é um excelente motivo para trilhar a sua carreira de professor e ser o melhor professor que puder ser, porque assim você vai se valorizar ainda mais. Você não deve se prender em demagogias e iludir a si mesmo. Porém não se esqueça de planejar seu caminho daí para frente.

Mas pode, verdadeiramente, dizer: "Leonne, eu amo ser educador, eu sinto prazer em ser educador. Me sinto realizado fazendo isso." Que maravilha! Esse também é um excelente motivo, altruísta e belo.

Decifra-te. Conhece-te a ti mesmo, como estava escrito na entrada do templo de Apolo em Delfos. Se você não descobrir a sua motivação para ser educador, vai encontrar problemas na sua carreira — qualquer que seja sua carreira, na verdade. Se você não se decifrar, em algum momento vai achar que está trilhando o caminho errado, que está perdendo tempo nessa trajetória, e vai estagnar nesse caminho. Vai estagnar a sua carreira. Então descubra a sua motivação e siga em frente.

O SEGUNDO ERRO:
NÃO SABER O TIPO DE PROFESSOR QUE VOCÊ QUER SER.

Todos nós precisamos estar com o nosso GPS ligado. Um GPS profissional que indique o ponto aonde queremos chegar. De nada adianta saber qual a sua motivação se você não souber o ponto exato onde quer estar. Em qualquer carreira, qualquer caminho, há diversas paradas. Cada uma com um objetivo específico.

Saber aonde você quer chegar ajuda a eliminar as inseguranças, ajuda-o ter foco, a se manter determinado, a conseguir ser resiliente e persistente. Esse GPS profissional nada mais é do que o nosso projeto temporal. Aquilo que está no futuro. Mas lembre-se de que o amanhã de ontem é o agora. Esse lugar profissional onde queremos chegar é uma pequena parcela do nosso projeto de vida. O filósofo Jean-Paul Sartre (2012) falava, na sua filosofia existencialista, de engajamento. É necessário que o indivíduo esteja engajado num projeto pessoal. Porque o único responsável pela própria história é o indivíduo.

No campo da docência, existem muitas áreas nas quais você pode atuar, como professor, educador social, curador etc. Suponhamos que não queira ser apenas professor, e sim coordenador pedagógico; o seu GPS vai orientá-lo. Contudo, pode ser que o seu projeto pessoal na área da educação seja se tornar um diretor escolar; o seu GPS, então, vai lhe mostrar o caminho para percorrer.

Portanto, qual o tipo de educador que você quer ser? Aqui, não estou falando de personalismo do professor, de ser engraçado, sério, essas coisas. Estou falando da área da educação que você está buscando atuar — educador no Ensino Fundamental, Médio, Superior, educador social, coordenador, professor de cursinho pré-vestibular, para concurso, educador palestrante, consultor etc. (Se estiver com dúvidas, reveja o diagrama dos pontos cardeais do planejamento pessoal de carreira na educação no Capítulo 2).

O nosso GPS profissional nada mais é do que outra parte do *conhece-te a ti mesmo*, como mencionei em capítulos anteriores. Ele ajuda a nos tornarmos protagonistas da nossa própria história.

O TERCEIRO ERRO:
ACREDITAR QUE NÃO PRECISA APRENDER A ENSINAR.

O terceiro erro que um professor deve evitar é o de acreditar que não precisa aprender a ensinar. Muitos de nós temos uma ilusão de que, para ensinar, só é preciso saber o conteúdo. E isso eu considero uma falha do processo de formação docente do Ensino Superior — mas este é assunto para outro momento. Então, saímos da universidade com o pensamento de, se eu sei matemática, química ou história e filosofia, então eu posso ensinar.

Essa é a ilusão de que, para ensinar, é preciso de um lado alguém que tenha o conhecimento e, do outro, alguém que não tenha nada. Quem tem o conhecimento vai colocar o que sabe dentro da cabeça de quem não sabe de nada. Nada mais ilusório do ponto de vista pedagógico e didático. Paulo Freire (2019) chamou essa concepção de educação de *bancária*[1], porque imagina-se que o aluno seja um banco de conhecimento vazio, e o professor fará os depósitos de conhecimentos nele.

Primeiramente, precisamos entender que ensinar é um processo dialético, ou seja, é a relação entre dois termos que criam um terceiro. **Eu só me faço professor mediante o aluno, e o aluno se faz aluno mediante o professor.** Isso significa que é nesse processo que o co-

---

1   Essa interpretação é apenas um recorte abordado por Paulo Freire em sua obra. Ainda há outras relações possíveis com o conceito de educação bancária.

nhecimento pode ser construído. Não é passado de uma cabeça para outra. Você não vai fazer um *upload* na cabeça do aluno, mas vai, juntamente com ele, construir maneiras de desenvolver aquele saber.

Como diz o grande mestre Paulo Freire (2016), o professor precisa ser um do/discente, um docente que aprende como ensinar o aluno enquanto está ensinando-o, porque isso é um processo aberto e não fechado. Lembre-se que ninguém educa ninguém, tampouco ninguém educa a si mesmo: os homens se educam em comunhão, mediatizados pelo mundo (FREIRE, 2019).

Ensinar é um processo que só existe na relação. Portanto, eu aprendo a ensinar enquanto educo. E tenho certeza de que, se você já tem alguma experiência com sala de aula, sabe disso. A pandemia mostrou que Paulo Freire estava corretíssimo nesse ponto. Educador e educando só podem fazer existir o terceiro (o *ser mais* do educador e do educando) em uma real relação entre os dois.

O QUARTO ERRO:
DESPREZAR OUTRAS ÁREAS DE CONHECIMENTO.

Apesar de vivermos num mundo altamente conectado e mundo onde cada vez mais se exige que profissionais sejam multifocais e interdisciplinares, tem muito professor que acha a sua disciplina autossuficiente. E comete o erro de desprezar outras áreas de conhecimento, outros saberes, na hora de preparar as aulas. Nós somos seres em formação constante, não somos seres acabados, nem nosso conhecimento é acabado.

De acordo com a história da filosofia, quando Querefonte retornou do oráculo de Delfos, ele contou a Sócrates a grande novidade; que o oráculo havia lhe dito que ninguém era mais sábio que Sócrates. Sócrates, então, saiu por toda Atenas a procurar por pessoas mais sábias que ele, e no final da sua jornada a resposta de Sócrates foi: "Só sei que nada sei." Portanto, a verdadeira sabedoria está em saber que não se sabe tudo. Que sempre se tem algo a aprender com o outro, com o diferente, e que o conhecimento está em todos os lugares.

O educador, principalmente o que está começando a carreira, que se fecha em sua área de saber se impede de crescer, inclusive na própria área de conhecimento. E dessa forma empobrece a sua didática. Não estou falando somente de disciplinas formais da escola: Matemática, História, Geografia, Física... Estou falando de áreas de conhecimento, de saberes. Lidamos hoje com uma escola e uma forma de fazer a escola bem diferentes de quando nos formamos (pelo menos é diferente de quando eu me formei e de quando eu era, ainda, um estudante em formação). Hoje, existem saberes capazes de estimular o aluno a buscar mais determinado conhecimento.

Áreas como a autoajuda, estudos da neurolinguística, técnicas de coach, comunicação social etc. *Se você quer ser um educador de sucesso, deve buscar, um pouco que seja, dessas diversas áreas e conhecimento para desenvolver não só a sua carreira, mas para melhorar as suas aulas e, assim, potencializar os seus alunos.*

O QUINTO ERRO:
ZONA DE CONFORTO PEDAGÓGICA.

Todo o profissional, de qualquer área, quer sossego em algum momento da vida. Na verdade, nós buscamos por isso: chegar a um ponto da nossa vida profissional em que tenhamos equilibrado o nosso GPS profissional. No entanto, quando o nosso GPS profissional encontra a zona de conforto, isso vai afetar o nosso GPS pedagógico, que é a nossa gana por estudar, o nosso perfil pedagógico e o nosso sistema de valores. Entramos, então, na nossa zona de conforto pedagógica.

Relaxamos. Isso é normal, acontece. Mas deve ser evitado, postergado ao máximo. Devemos deixar isso para o fim da carreira.

O problema é quando atingimos a zona de conforto pedagógica no início ou no meio da nossa carreira. Nesse caso, passamos a aceitar que já não precisamos mais estudar tanto, buscar tanto, cobrar ou estimular tanto o nosso aluno; passamos a aceitar que a nossa aula é assim mesmo, "meia-boca". O aluno aprende mais ou menos; você vai ministrar aulas, os alunos vão assistir às aulas, e está bom. A zona de conforto pedagógica impede que você cresça, que experimente coisas pedagogicamente novas na sua didática. E como você não inova, o aluno também não responde de forma a estimular o professor. Cria-se o vício na sala de aula. O círculo vicioso da estagnação didática.

Portanto, busque se afastar da zona de conforto pedagógica. Porque além de fazer mal para você, profissionalmente, pois ela não vai desenvolvê-lo, não vai fazer você conhecer sua melhor versão de si, a zona de conforto pedagógica também não ajuda a despertar o potencial que os alunos possuem.

CAPÍTULO 16

10 APRENDIZADOS SOBRE O EDUCADOR

"Feliz aquele que transfere o que sabe e aprende o que ensina." — CORA CORALINA

O QUE NÃO É UM EDUCADOR!

Definir o que é um educador é tarefa muito difícil, principalmente para um jovem professor como eu. Ao longo de minha carreira, sempre pensei bastante sobre o que é ser um educador, mas isso quase sempre significou que estava pensando nas coisas que já havia feito ou testado, me comportado e que haviam ou não funcionado. *Para ser bem franco, eu não sei o que é um professor.* Pelo menos acho que essa resposta não é simples de ser dada, e se a dermos, poderemos incorrer num risco muito grande que é o de engessar a imaginação pedagógica.

A imaginação pedagógica, traçando um paralelo com o conceito da sociologia[1], seria a capacidade de relacionar as experiências pedagógicas

---

1 Em *Imaginação Sociológica* (2004), Mills defende que, enquanto ciência, a sociologia é produzida a partir de uma atividade criadora, mesmo que com rigor metodológico, comparando o cientista a um artesão. Ao fazer um "recorte na realidade" que se pretende compreender, o sociólogo cola sua imaginação sociológica para funcionar, ou seja, a capacidade de buscar compreender diversas possibilidades de como aspectos da sociabilidade de sujeitos particulares estão relacionadas a contextos sociais mais amplos. Assim, pode-se pensar em imaginação pedagógica como a perspectiva educacional de sujeitos particulares com contextos educacionais mais amplos. Vale ressaltar que essa relação entre o particular e o geral, na educação, já é feita há muito tempo entre os teóricos da educação brasileiros, em que o maior destaque é Paulo Freire.

particulares ao universal, por meio da relação dialética entre teoria e prática. Ou seja, é o que nos permite pensar e sair da bolha que por vezes nos encontramos quando o assunto é educação, didática e pedagogia.

E essa é a razão pela qual não quero dizer a você o que é um professor. Acredito que esta resposta é a jornada de cada um de nós educadores. O que apresento são reflexões e possibilidades a partir da minha jornada, contudo, como a minha jornada ainda continua, eu só posso falar do que descobri, e consegui refletir até o momento. E o que eu descobri foi o que "NÃO é um professor".

Eventualmente você poderá discordar. E isso é saudável. No entanto, ao compartilhar o que acredito "não ser um professor", deixo o caminho livre para o *poder ser*, e dessa forma não limito as infinidades da nossa profissão, nem aquilo que podemos ser em potência, como diriam os filósofos Deleuze e Guattari (2010). Acredito que o professor não "é", mas "e", numa ligação de elementos que dependerão das nossas experiências. Então, vamos lá!

O EDUCADOR NÃO É DETERMINISTA.

Se você está nesta carreira e acha que as coisas são e não podem mudar, então, lamento informar, mas esta carreira é um espaço complicado para você.

Frequentemente encontramos professores que fazem julgamentos estáticos e deterministas a respeitos de alunos, orientandos e mesmo outros colegas de profissão. "Esse aí não tem futuro"; "Esse não vai prestar"; "Aquele do 1º ano é um caso perdido", "aquele do 3º ano não tem jeito".

Posicionamentos deterministas não fazem parte desse ser chamado professor. Porque, se assim fosse, não teria sentido haver uma profissão dedicada a transformar: *transformar vidas, transformar sonhos em realidades, transformar classes sociais, transformar a sociedade.* Sempre que entramos em uma sala de aula, virtual ou presencial, em um auditório, escrevemos um livro, realizamos uma consultoria etc., estamos transformando um pouco algum educando. E, quando mudamos um aluno, mudamos o mundo um pouco.

Não há como ser professor, entrar todos os dias na sala de aula, olhar durante duzentos dias para os rostos de todos aqueles jovens e não acreditar que existe ali, naquele espaço, rebeldia para mudar o mundo. Um pouco que seja. A cada dia que entramos na sala de aula e damos o nosso melhor, o fazemos devido à esperança. Esperançamos naquelas crianças, naqueles jovens.

Nesses dez anos de magistério, sempre que ouvi um posicionamento determinista de algum professor, questionava-me, em minhas reflexões: *então, por que entrar todos os dias na mesma sala de aula, para ensinar os mesmos alunos, que já se sabe que não terão jeito?* Ainda que seja por questões meramente financeiras, não faz sentido! Porque se a situação não muda, significa que a sua carreira fica estagnada. Logo, é um péssimo negócio.

O determinismo é incompatível com o fim e a carreira na educação. Educadores não podem ser deterministas. Se assim o forem não são educadores. São juízes. São carrascos, que sentenciam a própria falência. *Quando um educador diz "esse não tem jeito", está tão somente dizendo de si mesmo: "eu não acredito em transformação", "não acredito em revolução", "não acredito em mim".* Quantos de nós, hoje educadoras e educadores, não fomos alguns desses jovens tratados como esses "sem jeito", "sem futuro", como o que "não iria prestar"? E hoje estamos, justamente, no lugar onde podemos fazer diferente.

O EDUCADOR NÃO É ALGUÉM QUE "ENTREGA OS PONTOS"!

Professor não é alguém que cansa, enjoa, desanima, por completo. O desânimo e o cansaço até batem à porta. E reclamamos deveras! Mas no dia seguinte estamos lá, de novo, para combater o bom combate da educação. E que combate!

A dificuldade começa logo na entrada em sala. Sabe aquele pequeno intervalo entre uma aula e outra? Esse é um tempo mais que suficiente para o caos se instalar. Quando se acomodam, mais um desafio: a chamada. Antes de chegar ao quinto nome, já precisamos pedir silêncio: "Atenção!", "Ei! Silêncio!", "Ou! Shiu!".

Até conseguirmos terminar a chamada, a interrompemos, no mínimo, umas dez vezes para chamar a atenção da turma. Vamos à aula de fato. Vamos abrir o livro, "página 73". Alguém diz "qual livro? O de Sociologia?". A vontade que nos vem à mente é de responder "não, o de Química!" — por vezes alguns de nós até respondem. Porém o professor não desiste. Iniciamos a aula e quando, finalmente, conseguimos a atenção da turma, alguém interrompe e pergunta: "Qual a página, professor?" E a vontade é de jogar o livro pela janela. Mas ficamos!

Vamos um dia; a aula não foi bem. Vamos outro dia; o aluno não entende. Retornamos outra semana; o *datashow* quebra — funcionou perfeitamente com todos os outros educadores, mas conosco ele "dá pau". Quando não é o *datashow*, é o *notebook* — quando não é o *notebook*, é a caixinha de som e, ainda assim, o educador insiste.

> *NÃO TEM EQUIPAMENTO! O EDUCADOR CONTINUA.*
> *NÃO TEM QUADRO! O EDUCADOR CONTINUA.*
> *NÃO TEM PINCEL OU GIZ! O EDUCADOR CONTINUA.*
> *NÃO TEM CADEIRA! O EDUCADOR CONTINUA.*

NÃO TEM PAREDES! O EDUCADOR CONTINUA.
NÃO TEM PISO! O EDUCADOR CONTINUA.
NÃO TEM ESTRADA! O EDUCADOR CONTINUA.

Que me desculpem as outras profissões, mas nenhuma luta tanto quanto esta profissão que você e eu escolhemos. Educador não entrega os pontos quando percebe que há alunos que podem render mais, ele não entrega os pontos porque sabe que *tudo pode parar de funcionar, mas a educação continua com o educador.*

O EDUCADOR NÃO É NEURASTÊNICO

Devemos lembrar que já fomos crianças e adolescentes. E se tem uma coisa difícil é fazer crianças e adolescentes ficarem quietos. São seres cuja própria natureza os faz curiosos e inquietos. Têm sempre muitos assuntos para conversarem. Têm sempre algo melhor e mais importante para fazer que ficar sentados e atentos ao que você está falando.

Quando menos esperamos, a sala está num "zum, zum, zum" que mal conseguimos ouvir o som da nossa própria voz — mas o que um adulto, às vezes muito chato, teria a dizer que possa ser mais interessante do que o que rolou depois da aula de ontem? E o que geralmente fazemos? Tentamos competir. Buscamos falar mais alto. E em pouco tempo estamos berrando: *Ei... Silêncio. EEEIIIII! SI-LÊN-CI-O!* Batendo no quadro para chamar a atenção.

Professor não é alguém que não suporta barulho. O professor precisa saber conviver com ele. O barulho é manifestação da potência. Da vida. É com isso que trabalhamos. Há técnicas para lidar, controlar e mesmo disciplinar o barulho. Mas nenhuma que elimine o barulho. A eliminação do barulho é a eliminação da vida na sala de aula. *E alunos sem vida não aprendem, apenas decoram letras mortas.*

O PROFESSOR NÃO É ALGUÉM QUE TRABALHA NOS BASTIDORES (ELE É O PALCO).

Outra coisa que descobri nesses anos é que somos um pouco *popstars*. **Somos uma espécie e estrelas do rock do conhecimento.** Ao ponto de os alunos criarem expectativas para assistirem ao espetáculo que você está prestes a dar em sala. Todo dia a sala de aula é como um festival, e nesse palco vão passar diversos artistas. De alguns eles gostam mais, de outros eles gostam menos. Mas veem a todos como **rockstars do conhecimento.**

Percebi que, no fundo, **nós gostamos do palco. Não trabalhamos nos bastidores.** Nós escolhemos com que roupa iremos nos apresentar. E não adianta negar, em algum momento estamos sempre pensando em como nossa roupa afeta o aluno. Preparamos a nossa apresentação. Escolhemos as histórias que serão contadas, para que gerem mais impacto. Preparamos o show do início ao fim. Para que ao fim o aluno diga "UAU! Que aula! Foi show!" — seja sincero, você adora quando eles fazem esse tipo de elogio à sua aula.

Somos o palco! Eu sei que muita gente pode dizer que é tímida. Talvez seja o seu caso. Mas muitos artistas, como cantores ou atores, são tímidos, porém, quando estão no palco, esquecem a timidez. Assim é o educador. Você pode ser tímido. Na verdade, não há problema nenhum em sê-lo — lembre-se de que não precisa contar a sua vida pessoal dentro da escola, a não ser que haja alguma experiência em específico que pode ajudar alguém; nesse caso, não há problema em contar. Nem sempre o artista faz um bom show, e está tudo bem. Mas sempre criamos a expectativa para o próximo.

Gostamos de atenção. Você gosta de atenção. Achamos que temos algo a oferecer. Você acha que tem algo a oferecer. E realmente você tem. É por isso que escolheu ser educador. Gostamos de saber que estamos sendo ouvidos, por isso pedimos silêncio. Gostamos de ser o centro por alguns minutos, por isso chamamos a atenção dos alunos para o que estamos tentando apresentar na sala de aula.

Eu sei que você, assim como eu, aprendeu que o aluno é o centro do processo pedagógico. E isso é realmente verdade. **MAS O PALCO É NOSSO**. E assim como um artista prepara o show para o público, nós preparamos a aula para o nosso aluno. Uma coisa não elimina a outra. Isso foi o que descobri ministrando aulas. Na verdade, elas se complementam. E eu sei que não lhe contaram isso no seu curso de licenciatura, assim como não me contaram. Foi necessário descobrir e admitir que eu também gosto da atenção na sala de aula. Que eu quero dar um show ao entrar em sala. Que quero que os alunos saiam de sala dizendo "uau, que aula".

Quando admitimos que gostamos do palco, admitimos que precisamos fazer o melhor para quem estará nos assistindo. Não gostamos dos bastidores. Não preparamos a aula, escolhemos os textos, as histórias, as palavras, a roupa que nos dê confiança para entramos na sala de aula e, no final, o aluno dizer "falta muito pro intervalo?".

Não gostamos de ficar nos bastidores. Quanto antes admitirmos isso para nós mesmos, melhor será o nosso show na sala de aula. O escritor Ariano Suassuna sabia disso, tanto que dizia que sua aula era uma aula espetáculo. Porém não podemos esquecer que o aluno é o centro desse processo, e é bom que seja, para que a vaidade não nos corrompa. Muitos colegas, no entanto, se cegam pela grandeza que é o palco da sala de aula. São como artistas que não aceitam dividir o palco. E, por isso, não entendem que não existe espetáculo sem a participação da plateia.

O PROFESSOR NÃO É DE FERRO!

Infelizmente aprendi que professor não é de ferro. Muitos alunos, coordenadores, diretores, empregadores, pais e tantos outros acham que o educador é inabalável ou que seu trabalho é fácil de fazer. Basta entrar em sala e ensinar. Fácil, não é mesmo? Sabemos que não.

Como qualquer outra pessoa, o professor tem sentimentos; ele ama, gosta, sente raiva, ansiedade, angústia, medo, tristeza etc. O trabalho do professor é desgastante. Exige horas de estudos para preparar uma aula, elaborar atividades, encantar os alunos. Porém o trabalho de professor vai muito além disso.

E muitos dizem "os problemas pessoais devem ficar fora da sala de aula". Eu aprendi que essa frase é um grande engano. O professor não é alguém que, atravessando um portal, a sala de aula, esqueceu tudo o que havia fora dela. Não. Assim como artistas com problemas transmitem isso ao seu público; atores demonstram seus sentimentos em uma atuação no palco de um teatro; cantores demonstram sua angústia na sua voz; o professor, também, deixa transparecer o que sente.

E não se engane, os alunos sabem quando estamos mal. Convivemos com eles quase todos os dias. Assim como aprendemos a distinguir quando alguma coisa está afetando nossos alunos, eles também aprendem a fazê-lo. Eles sabem quando o professor está mais alegre que o normal. Quando algo está preocupando-o. Quando ele está triste. *A sala de aula é um lugar humano. E professor não é de ferro.*

Aprendi que quanto mais o professor esconder que não se sente bem, menos ele tem a oportunidade de contar com quarenta abraços em sala de aula. Convivemos com pessoas. Comunicamos. É isso que fazemos, e, mesmo quando não queremos, nosso corpo comunica.

Portanto, quando estiver doente, triste, angustiado, seja sincero com os alunos. Diga: "Gente, eu gostaria de contar com a colaboração de vocês porque eu não estou me sentindo bem", ou "Queridos alunos, estou passando por uma situação difícil e gostaria que vocês entendessem se hoje a aula for diferente".

De nada adianta convivermos quase todos os dias se não formos capazes de gerar empatia uns pelos outros. Você não é de ferro. Deixe que seu aluno saiba disso. Deixe que seu aluno saiba que você, assim como ele, chora, sente raiva, fica triste, apaixonado, angustiado, ansioso. Dessa forma, você mostra ao aluno que você é capaz de entendê-lo quando ele passar por essas situações.

Essas são cinco lições importantes que demorei muito para aprender.

1. ***Não podemos determinar os caminhos que os alunos irão seguir.*** Apenas os acompanhamos em parte desse trajeto, orientando-os onde pisar, mas, aonde chegar, quem decide são eles.
2. ***Não entregamos os pontos.*** Seguimos combatendo o bom combate da educação. Pois, onde há quem queira aprender, ali há uma sala de aula e um educador.
3. ***Não somos facilmente irritáveis.*** Somos pessoas que compreendem que a vida é cheia de sons.
4. ***Somos o palco.*** Gostamos de brilhar, mas sabemos que não há artistas sem um público, por isso dividimos o palco com os alunos.
5. ***Não somos de ferro.*** Professores também adoecem, amam, entristecem. Mas quando isso acontecer podemos contar com quarenta abraços. Demorei muito para aprender essas lições, porém espero ajudar você a diminuir essa curva de aprendizado.

MAS, AFINAL, O QUE FAZ UM PROFESSOR?

A educação, sociologicamente falando, é o processo pelo qual se ensina aquilo que a sociedade valoriza em cada período histórico. A palavra *educação* tem origem no latim *educere*. Essa palavra latina é composta pelo prefixo *ex*, que quer dizer "fora", juntamente com o termo *ducere* que significa "conduzir", ou seja, a educação é o processo por meio do qual se conduz o indivíduo para fora, para a vida em sociedade. Por esse motivo, ensinar é mais do que entrar em uma sala de aula e "passar" conteúdos. Conduzimos as pessoas para fora de si mesmas.

A palavra *professor* por sua vez vem do latim *professus* e se origina do verbo *profitare*, formado pelo prefixo *pro*, "à frente de" mais o radical *fateri*, "reconhecer, confessar". Isso quer dizer que o professor é aquele que declara publicamente estar apto a conduzir pessoas para fora. Mas o que o professor faz para conduzir as pessoas para fora?

Permita-me, neste ponto do livro, compartilhar cinco coisas que pude perceber nesses anos, as quais fazemos para conduzir pessoas de dentro de si mesmas para a sociedade. Trata-se de descobertas práticas que podem ajudá-lo a aprimorar seu entendimento sobre a sua atuação na educação, tornando-a mais ampla e, dessa forma, permitir que você obtenha maior satisfação na sua carreira e alcance degraus ainda maiores.

O PROFESSOR SE PREPARA PARA QUANDO A SITUAÇÃO DESAFIADORA SURGIR.

Em toda a carreira, o bom profissional é aquele que está preparado para situações desafiadoras. Esse é o profissional que as empresas valorizam porque são eles que fazem a empresa "criar nome". Na educação, não é diferente. As escolas gostam de professores que estão preparados para situações desafiadoras. No caso da docência, situações desafiadoras quase sempre significam **alunos**.

Toda escola (pública ou privada) valoriza o educador que sabe lidar com problemas que envolvem o aluno. O professor que sabe como lidar com o aluno violento, que lida com o aluno polêmico, o educador que sabe falar com os pais de alunos, que sabe falar com alunos, motivá-los etc. Você pode perguntar: e o professor que sabe ensinar? Esse é o ponto! *O professor pode ter domínio fantástico da sua área de conhecimento, ter vários títulos (Uau!). Porém sua didática estará comprometida se ele não souber se comunicar com o aluno, conversar com pais deste aluno, estimulá-lo nas atividades etc.*

Estamos falando aqui de didática na prática. Do dia a dia. Do *how to make* do professor. É claro que as instituições de ensino querem profissionais bem qualificados, com boas titulações, mas querem, sobretudo, profissionais preparados para lidar com as situações difíceis, com os desafios. Os educadores que as instituições querem são proativos, têm capacidade de liderança, inteligência relacional, são bons em trabalhar em equipe, dominam novas metodologias. São potenciais educadores de sucesso porque estão preparados para situações desafiadoras.

E é isso que você está buscando neste livro. Tornar-se um educador de sucesso. Estar mais bem preparado para as situações difíceis. Esta é uma das coisas que compreendi e aprendi a buscar, e agora estou tentando repassar a você. O professor é alguém que está preparado — ou se preparando — para as situações desafiadoras da sala de aula.

Descobri, ainda, mais uma coisa. Os problemas da sala de aula são seus! Eu sei que você pode dizer que são problemas da instituição, e que todos devem estar atuando para a solução deles. Mas, lembre-se, estou falando de atuação didática na prática. *E na prática o que as instituições atuais querem é que o professor resolva os desafios pos-*

síveis de serem solucionados na sala de aula e, assim, levem menos problemas para a coordenação e direção.

Isso faz parte da ergonomia das empresas. Em vez de acumular problemas, eles podem ser atacados ali, *just in time*, na hora. São tempos em que as instituições precisam se movimentar de forma rápida e eficiente, portanto, quanto mais problemas elas acumulam, mais lentas e ineficientes ficam. As instituições de ensino querem "reduzir o estoque de problemas". E se está preparado para isso, então, você é o profissional que elas querem.

Desde 2012, eu pesquiso ribeirinhos na Amazônia. E como eu já disse, os ribeirinhos têm uma expressão para dizer que os problemas são seus, pois em alguma medida você os procurou: "o piolho dá na cabeça do dono". Ou seja, se você escolheu ser professor, todos os desafios que a profissão implica são seus. Sejam desafios teóricos ou práticos.

O professor se prepara porque as situações desafiadoras da sala de aula são a razão da docência. O maior professor de todos os tempos, certa vez, disse: "Os sãos não necessitam de médico, mas, sim, os que estão doentes" (Marcos 2:17). Todos os alunos necessitam da atenção do professor, mas a sua razão de existir é aquele aluno desmotivado, aquele aluno polêmico, que vem de casa com problemas e os coloca na sala de aula.

É para esses alunos desafiadores que nos preparamos. Porém, se você está achando que o aluno certinho, estudioso, o *nerd* que só tira notas altas, não é desafiador. Enganou-se. Eles também são um desafio dos grandes. É desafiador guiar esse aluno para garantir que ele permaneça estimulado, estudando, que ele não desenvolva um *mindset* estático e acabe se tornando outro tipo de aluno. Ou seja, *todos os alunos são alunos desafios*. Preparamo-nos para todos eles. *A questão, educador, é como está encarando a situação: como um desafio para o qual você está se preparando, ou um obstáculo para a ostentação dos seus títulos?!*

O PROFESSOR FAZ SALTOS TEMPORAIS.

A maioria de vocês deve conhecer a franquia de filmes de sucesso *Os Vingadores*. No último filme da franquia, os heróis tiveram uma jornada ao longo de diversas épocas, saltando no tempo com base na física quântica. É realmente surpreendente imaginar tal possibilidade. Imagine trazer algo do passado para o presente e poder utilizá-lo. Mas o que isso tem a ver com o educador?

Você já parou para pensar que nós, professores, realizamos esses saltos no tempo, na nossa formação e a nossa atuação docente? Pense bem! O modelo de escola, ainda hoje, é um modelo de escola dos séculos XVIII e XIX: a organização em conteúdos disciplinares, com quadro à frente, carteiras enfileiradas com alunos dispostos idealmente de frente para este quadro, e com a figura de autoridade do professor diante de todos.

O método avaliativo ainda consiste, como há quase dois séculos, em fornecer um conjunto de informações e de relações entre essas informações, e cobrar do aluno que as reproduzam da forma como lhes fora mostrada. Para garantir tal reprodução, os alunos devem copiar do quadro. Se você tem mais de 30 anos, deve se lembrar das várias páginas dos cadernos de escola dedicadas a copiar do quadro. Quando eu era uma criança estudante no Ensino Fundamental, nos dias em que não copiava do quadro, copiava a audição, o ditado! E assim copiava dezenas de palavras sem conexão umas com as outras, ditas pela professora Creuza.

No entanto, nem você nem eu nascemos nos séculos XVIII ou XIX. Somos pós-modernos, nascemos no século XX. Fomos evoluindo juntamente com o rádio e a televisão. Somos pessoas nascidas no século XX ensinadas e educadas aos moldes dos séculos XVIII e XIX. Veja que salto temporal a educação realiza. Transporta toda uma estrutura — se não a transporta, pelo menos não a altera — de um século anterior para o novo século.

Não se trata aqui de fazer um juízo de valor da educação no século XIX com a do século XX ou a do século XXI, mas de apresentar a você a percepção que tive sobre com o quê estamos lidando ao exercer o magistério, uma vez que somos sempre seres geracionais. Agora pensemos o salto no tempo que nós estamos realizando. Fomos, como já disse, ensinados no século XX, com uma estrutura do século XIX, e estamos ensinando jovens no século XXI, que muito provavelmente chegarão ao século XXII.

Somos como uma máquina de controlar o fluxo do tempo. Lidamos com todos esses tempos em nosso dia a dia. Rejeitamos as falhas — pelo menos deveríamos — que essa estrutura arcaica possui, adaptamo-las, em nós mesmos, a partir do nosso próprio tempo, e assim, pensamos em como educar nesse novo tempo. Um tempo *hightech*.

Recusamos, por exemplo, os castigos físicos — embora compreenda a imensa vontade, quase catártica, que muitos colegas têm de poderem viajar no tempo e trazer uma guilhotina —, mas não recusamos a estrutura hierárquica da sala de aula. Vamos ao passado, assim como os heróis do filme, buscamos algumas coisas lá e deixamos outras exatamente onde devem ficar, no passado. Sala de aula invertida, exercícios gamificados, isso tudo existe há bastante tempo; tem hoje apenas uma adaptação aos novos tempos — eu, por exemplo, me recordo do dia em que chegaram à minha escola os livros de Matemática e Português gamificados a partir de RPG com óculos 3D; eu tinha 9 ou 10 anos — é o nosso assalto[2] no tempo funcionando.

---

2 A expressão "assalto no tempo" ficou bastante conhecida recentemente, principalmente entre os jovens e fãs de super-heróis, devido à franquia de filmes dos heróis *Vingadores*, da Marvel. Em um dos filmes, os heróis devem viajar por várias linhas temporais e recuperar artefatos poderosos para salvar o mundo. Esse movimento entre linhas temporais, na franquia de filmes, foi chamado de "assalto no tempo".

Quem sabe hoje, apesar da grande influência do celular — talvez, justamente devido a essa influência —, faça-se necessário realizar um assalto no tempo e trazer esta tecnologia da educação chamada copiar do quadro ou ditado, para estimular os jovens a prestarem mais atenção à composição silábica e fonemática das palavras, tão prejudicada pela escrita taquigráfica da internet. Contraditoriamente ou não, neste século, nossos jovens reproduzem a partir da cópia pela tela dos smartphones — cópia pela cópia, minha opinião é de que é melhor copiar a forma correta da escrita.

O PROFESSOR FAZ MALABARISMO NO CONTEÚDO.

Um ano escolar tem duzentos dias letivos, aproximadamente mil horas de aulas — dependendo do modelo o ensino[3] —, considerando um tempo de aula de cinquenta minutos, seis tempos de aulas e onze ou treze disciplinas. Quem não está habituado à rotina do professor, pode imaginar que é tempo mais que suficiente para todas as disciplinas formais existentes. No entanto, não é bem assim.

Os conteúdos programáticos, previstos nos PCNs e na BNCC são gigantescos para cada disciplina. Além de serem extensos, existem fatores externos e, também, imprevisíveis, como: a distribuição não equitativa de carga horária para as disciplinas, conteúdos que mais são cobrados em provas de vestibulares e Enem, greves em escolas públicas, licença saúde de professores, interrupção da energia elétrica, *bugs* nos equipamentos tecnológicos, e a preferência de alguns professores que os fazem dar mais ênfase a determinados assuntos que a outros.

Somos, seja por força da lei, seja pela escola que precisa cumprir suas metas, cobrados a terminar todo o conteúdo. Diante disso, a pergunta que acabamos nos fazendo é: ***como dar conta de todo o***

---

3   Com a implementação do novo Ensino Médio, essas referências podem ser alteradas.

conteúdo programático de forma efetiva para que o aluno aprenda tudo? E a resposta é: ***não tem como!***

No início eu achava que minha dificuldade em equilibrar a carga horária da minha disciplina se devia à minha inexperiência como professor. Sendo um profissional inexperiente, eu acreditava que com o tempo, adquiriria a habilidade de equacionar todo o conteúdo. Porém, conforme os anos passaram, percebi que todos os professores passam por esse problema, independentemente de serem inexperientes ou experientes, porque há muitos imprevistos durante o ano letivo.

Sem perceber eu comecei a fazer malabarismos com os conteúdos para que eles coubessem dentro da minha carga horária e nos duzentos dias letivos. No entanto, descobri que planejar o conteúdo com folga, no início do ano letivo, para revisões, ajuda na hora de fazer malabarismos no final do ano. Em todo o caso, você deve jogar com os conteúdos. Então, preste bem atenção a estas duas dicas para organizar os seus conteúdos em seus planejamentos.

EQUILIBRE OS CONTEÚDOS INDISPENSÁVEIS.

Quando comecei a ministrar aulas, eu achava que deveria deixar exatamente o mesmo tempo de aula para cada assunto. Então, eu calculava, mais ou menos, o mesmo tempo de aula para cada assunto e final do ano eu estava todo enrolado.

Talvez você seja como eu, quando comecei, que dizia "todo assunto é igualmente indispensável". A verdade é que isso é parcialmente verdadeiro. Dependendo do nicho educacional em que atue (Educação Infantil, Ensino Fundamental I ou II, Ensino Médio, Médio-técnico, educação de jovens e adultos — EJA —, Ensino Superior etc.), há sempre temas e assuntos que são indispensáveis ao desenvolvimento do educando naquele momento, e temas e assuntos que podem ser reduzidos ou esperar o próximo ano.

Portanto, planeje os conteúdos no início do ano de forma a dar ênfase aos assuntos indispensáveis para cada série e de acordo com o desenvolvimento dos educandos. Seja sensato e honesto, tem informação que só servirá para aquele aluno que se identifica com a disciplina, ou que serve apenas para o professor demonstrar como ele é bom em um assunto; ou, ainda, que é preferível ser abordado mais à frente, em outro ano, quando o aluno tiver um capital cultural-escolar mais robusto. Eu sei que dizer isso parece algo estranho e contraditório, porém é uma realidade.

Quando a coisa aperta, somos obrigados a pensar *"o que é mais indispensável para este aluno compreender neste momento?" (O que eu faço?)*. Para evitar que o planejamento do seu conteúdo se torne uma correria, pela qual já passei e ainda passo algumas vezes — e garanto, não é nada bom para a saúde mental —, "enxugue seu planejamento", deixando margens para revisões e atrasos. Não se preocupe com esse tempo extra, pois ele pode servir para exercício, dinâmicas, filmes e outras atividades.

Aproveite para equilibrar a ênfase dos assuntos indispensáveis em cada série com os assuntos mais contextualizados à necessidade dos alunos. Por exemplo: vivemos em tempos de graves paradoxos na sociabilidade devido às redes sociais. Sabemos que é importante o conhecimento histórico de disciplinas como a Sociologia. No entanto, há extrema necessidade de os alunos entenderem os paradoxos que envolvem a sociabilidade nas redes sociais e que podem abordar todos os clássicos da sociologia ao mesmo tempo, sem perder tempo com miudezas, importantes para a teoria da disciplina, mas dispensáveis nesse momento à formação do educando.

Pensado dessa forma, eu daria mais ênfase no meu planejamento anual a debater a sociabilidade dentro e fora das redes sociais que explicar autor por autor. Assim, eu abordaria criticamente a vivência dos alunos — indispensável à sociologia — e ganharia um tempo para os imponderáveis da vida.

ORGANIZE OS CONTEÚDOS DE ACORDO COM O FOCO DA SUA ATUAÇÃO DOCENTE.

Já comentei que existem vários nichos de atuação e diversos modos de cobrança para o conteúdo. Complementando o que já foi dito, organize o seu conteúdo de acordo com a meta e o objetivo da sua atuação docente. Se você trabalha como educador social, provavelmente tem maiores possibilidades de flexibilizar os conteúdos a partir das necessidades relacionais dos educandos.

Porém, se você é professor de cursinho ou em alguma escola cuja meta é a verticalização do ensino, o planejamento do seu conteúdo deve dar ênfase a conteúdos com mais probabilidades de estarem em uma prova de vestibular, ou que são mais difíceis de acertar, aumentando, assim, as chances de o aluno e a instituição alcançarem seus objetivos.

Por exemplo, em uma instituição de ensino que tem como meta a verticalização do ensino, pois é assim que ela se vende, eu inverteria o exemplo anterior, pois geralmente as questões envolvendo os temas de sociabilidade e socialização em provas de vestibulares e Enem são mais "tranquilas" de acertar de que questões específicas sobre o pensamento de determinado autor.

Portanto, meu planejamento daria mais ênfase em abordar os conceitos e as possíveis "pegadinhas" em prova envolvendo os conceitos de alienação, mercadoria e mais-valia em Marx ou as categorias analíticas de Weber, que as discussões envolvendo a sociabilidade, por estas não serem, comumente, tão difíceis de acertar.

Lembre-se, fazemos malabarismo, mas mesmo os malabares treinam seus movimentos — ninguém improvisa ao vento. Mesmo antes de começar a atuar como professor eu já preparava minhas aulas, secretamente, em casa. Até hoje tenho guardado várias apostilas de Ensino Médio e cursinho que me serviram de referência para começar a preparar os meus materiais e aprender a jogar com os conteúdos. É importante que você saiba seu nicho de atuação docente e planeje bem, prevendo uma margem para improvisar de acordo com a sua atuação.

Essa folga no planejamento é importante porque, muitas vezes, gastamos muitas aulas para que possamos alcançar o objetivo com determinados alunos para que aprendam, ou porque dificuldades extradisciplinares aparecem. Dependendo da série, você pode encontrar alunos com dificuldade de leituras, déficit de atenção, e essas situações exigirão a habilidade de malabar com os conteúdos. Lembre-se: *é você quem está na sala de aula, ninguém pode decidir melhor que você de que forma os conteúdos podem ser articulados.*

O EDUCADOR É ALGUÉM QUE CONSERTA[4].

Já reparou que no mundo em que vivemos hoje, nada é para durar? Relacionamentos são efêmeros, bens são substituíveis. Ninguém conserta mais nada atualmente. Para o pensamento atual, pós-moderno, consertar dá trabalho, tem custos demais, não vale a pena. Por isso é mais vantajoso abandonar e partir para um novo, outro. Você pode desfazer uma amizade a um clique, cortar relações e estabelecer novas relações

---

4 O uso do termo "consertar" aqui é um recurso estilístico e metafórico. Não creio que alunos possam ser consertados como se objetos fossem. Contudo, creio que o professor possa auxiliar em solucionar problemas que o educando possa trazer consigo ou mesmo problemas que o contexto educacional apresente.

com o mesmo clique. Se alguma coisa não lhe agradar ou não estiver como você deseja, você se desfaz disso. É a chamada era do *self*, do eu.

Nesses dez anos de docência, descobri que, como educador, muitas coisas não nos agradam na sala de aula. Não gostamos dos livros didáticos. Não gostamos dos conteúdos estabelecidos pelos PCNs e BNCC, não gostamos do comportamento dos alunos, do quanto eles sabem português, matemática ou história. Contudo, descobri que o educador não pode se comportar a partir do *self*.

Fora do ambiente escolar, o professor pode se comportar como qualquer outra pessoa pós-moderna que descarta aquilo que ele não gosta, mas na sala de aula ele é moderno[5]. O professor é alguém que conserta! Quando não gostamos do livro indicado para a série que estamos ministrando aula, nós o complementamos com o que julgamos adequado para os nossos alunos. Se alguma informação aparece de maneira inadequada, equivocada ou incompleta, nós a reformulamos para que nossos alunos tenham o melhor proveito. Nós não jogamos fora o livro. Nós o "consertamos".

Eu sou professor de um Instituto Federal de Ensino, atuando no Ensino Médio-técnico e no Superior. Recentemente começamos a escolher os livros didáticos para a instituição trabalhar com o Médio-técnico. Contudo, os novos livros didáticos estão adaptados à nova BNCC, o que não contempla a realidade do Ensino Médio-técnico. Depois de uma longa discussão, prática e política, sobre adotar ou não o livro, optamos pela adoção. No entanto, o livro não atenderá, plenamente, à nossa modalidade de ensino. O que deveremos fazer? "Consertar" aquilo que não atende às nossas necessidades.

---

5   O período moderno da história é marcado pelas Revoluções Industrial e Francesa, que transformaram as relações econômicas e as relações de poder. Contudo, com o advento do capital financeiro e a consolidação do capitalismo no mundo todo, a estrutura das relações sociais tornou-se cada vez mais influenciada pelo mercado, e a vida social, cada vez mais acelerada. Desde o século XX até a atualidade, vivemos o período pós-moderno, o que o sociólogo Zygmunt Bauman denomina como modernidade líquida (2001).

Consertamos os conteúdos indicados nos PCNs e BNCC. Dizemos: "Este conteúdo não dá para este ano", então retiramos, acrescentamos ou mudamos a ênfase. "Consertamos" porque somos nós que sabemos o que é mais ou menos adequado ao aluno. Estamos lidando com eles quase todos os dias, sabemos as suas necessidades e, por esse motivo, adequamos para que o nosso educando tenha o melhor.

No entanto, o que, principalmente, "consertamos" são alunos. Imagine se o professor se comportasse da forma como todo mundo se comporta nos dias atuais, a partir da lógica do *self*, e sempre que alguma coisa não o agradasse e não o deixasse feliz, ele o abandonasse e fosse para outro. *A fila anda*. É assim para relacionamentos amorosos, para ideias, roupas e, mesmo, emprego. O que seriam dos alunos se a fila deles andasse na mesma velocidade?

Nós não podemos rodar um algoritmo na sala de aula em que só ministraremos aulas sobre o que gostamos para alunos perfeitos de quem gostamos. *Somos confrontados com alunos que se acham fracassados, que desistem, que estão tristes etc., e nós os ajudamos, "consertamos" esses alunos.* Se o aluno não sabe falar e escrever o português formal corretamente, nós consertamos isso. Se o aluno não sabe efetuar operações matemáticas, nós consertamos isso. Se o aluno não compreende fatos históricos, nós consertamos isso.

E eu compreendo bem esse elemento do fazer do professor, não apenas pela minha experiência, mas também pela minha área de atuação. Sou professor de Sociologia. E por vezes vemos um aluno com distorções de convivência graves que vêm de casa. Um aluno violento, um aluno inseguro, um aluno abusivo, um aluno abusado, um aluno preconceituoso, um aluno racista, um aluno misógino — estes são alguns exemplos de problemas gravíssimos que precisamos "consertar". *Nas nossas aulas, temos o dever de "consertar" esse tipo de desvirtudes.*

É claro que muitos não se importam com alguns desses vícios, com nenhum deles, na verdade. Se o aluno desenvolveu ou não a leitura e a escrita, o raciocínio lógico-matemático, se compreende a história ou nutre um espírito negacionista. Não se importam se há a discriminação na sala de aula. Não se importam a ponto de empurrar o problema para outro. Porém, como eu disse: não podemos nos livrar de aluno. Quando um professor "passa o problema adiante", ele está dizendo para o professor da série seguinte: "Eu não estou preparado para assumir desafios e solucionar problemas".

Como mencionei, "Os sãos não necessitam de médico, mas, sim, os que estão doentes" (Marcos 2:17). Quando o professor se depara com esse aluno desafio e o passa para frente como quem diz "vou me livrar desse problema", está assumindo que não acredita na educação — é claro que existem as exceções, como as situações em que o professor pode estar com a sua integridade moral e física ameaçadas.

Quando o professor percebe um aluno com deficiência de leitura e não busca uma metodologia, dentro das suas limitações, para reverter o problema, este professor está sendo conivente com o vício. Quando um professor percebe que um aluno discrimina outro, por qualquer razão que seja (machismo, racismo, capacitismo etc.) e não procura formas de mostrar para o aluno como esse comportamento é prejudicial para ele e para o outro, o professor está sendo conivente com esse vício.

Essa é a natureza do nosso trabalho. "Consertamos"! É claro que não poderemos consertar tudo de uma vez, não existe um martelinho de ouro para isso, mas consertamos o que nos compete consertar naquele momento, naquele ano, então passamos o paciente para outro especialista que consertará outra competência. Até que, ao final de todo esse processo, temos um aluno que, tendo seus vícios "consertados", pode alcançar aquilo para o qual nascemos, na visão de Paulo Freire, *ser mais*.

O PROFESSOR PLANTA BACURIS PARA OUTROS COLHEREM.

Quando criança eu viajava quase todas as férias para o interior da família de minha mãe, onde meu tio possuía um grande sítio com um igarapé. Na entrada do sítio havia um bacurizal — dezenas de árvores de bacuris. Sempre que íamos ao igarapé do sítio de meu tio, parávamos alguns instantes na entrada para apanhar bacuris. No entanto, sempre me perguntei quem os havia plantado.

Aqui em Belém e região, há uma expressão muito conhecida sobre o bacuri. Diz-se: *planta-se bacuris para os netos colherem*. Esse ditado se refere ao tempo que o bacuri demora a começar a dar frutos. Se bem cuidado, seguindo todas as técnicas e recomendações agronômicas a primeira safra deve levar em torno de doze anos. Porém, se plantado nativamente, leva-se bem mais. Daí a expressão.

Bacuris são maravilhosos. Do bacuri se faz suco, geleia, doce, bombom, creme, sorvete etc. Bacuri também é uma expressão idiomática do Sul do país, que quer dizer criança. Crianças e jovens também podem se tornar muitas coisas valorosas para a sociedade. Ambos (crianças/jovens e bacuris) dependem das mãos de quem colhe, mas primeiro devem ser semeados.

Fiquei pensando que professores são como esse ditado. *Plantamos bacuris para outros colherem.* Aos 5 anos de idade, comecei a ser alfabetizado pela professora Nazaré, na escolinha Peter Pan. Quanto deste texto não é graças à professora Nazaré? Ela semeou um bacuri e não tem ideia, talvez, de que este bacuri floresceu, deu frutos e agora também semeia bacuris. Ela plantou um bacuri, mas não colheu.

Certa vez, na 5ª série do Ensino Fundamental, fiz tantas perguntas numa aula de Ciências, que a professora precisou me retirar de sala e me mandou que esperasse na sala dos professores para que ela pudesse continuar a sua aula. Ali, na sala dos professores, ela me entregou um livro grande sobre estrelas e planetas. Hoje, eu entendo que esta professora estava, também, cuidando de bacuris — "um bacuri" um pouco mais chato [risos].

Sempre que me deparo com uma turma, me lembro dessas memórias e procuro fazer como minhas professoras, que semearam e cuidaram da semente. Nem sempre o solo é fértil, às vezes há ervas daninhas em volta, que tentam retirar a energia dessa semente; por vezes alguém arranca folhinhas quando estão crescendo, outras vezes o ambiente em que esses bacuris estão semeados não é favorável. Mas nós somos os cuidadores do bacurizal.

Semeamos, regamos, cuidamos, mas quase sempre não temos a sorte de vê-los crescerem e darem frutos. Às vezes aquele conhecimento que nos empenhamos tanto em partilhar servirá de alimento muito tempo depois. É quando se lembrarão dos semeadores e cuidadores do bacurizal. Plantamos bacuris para outros colherem.

É aí que esses bacuris irão se tornar escritores, médicos, engenheiros, advogados e outros plantadores de bacuris. É verdade que hoje, com a internet e as redes sociais, alguns de nós temos sorte de vermos, ainda que de longe, alguns bacuris crescidos, florindo e dando frutos. Eu felizmente tenho essa sorte. Mas também, por vezes, temos a infelicidade de vermos bacuris que não vingaram.

Contudo, você pode questionar "todo educador planta bacuris?" Como disse o mestre Rubem Alves (2020), há quem prefere plantar eucaliptos. O eucalipto é uma árvore que cresce rápido, porém não dá frutos nem serve de alimento. O educador que planta eucalipto é o professor que não se importa com os valores que ensina ao aluno, que empurra o aluno para se livrar do desafio. Na verdade, esse educador é um eucalipto, por isso não pode dar frutos. *Não se pode exigir que um eucalipto dê bacuris.*

Mas você pode dizer: "Eu não trabalho com crianças no Ensino Infantil ou Fundamental. Eu trabalho com adolescentes e jovens adultos." Você pode estar se perguntando neste momento: "É possível plantar ou cuidar bacuris no Ensino Médio, no cursinho ou no Ensino Superior?" Claro que sim! Você pode fazer a diferença na vida de um aluno de cursinho. Eu me interessei pelas Ciências Sociais devido aos meus professores de cursinho. Isso definiu a minha área de formação superior.

Lembre-se de que o ditado diz: "Planta-se bacuris para **OUTROS** colherem!" A fase do Ensino Médio e pré-vestibular, que mencionei, é uma etapa em que os bacuris estão ficando maduros. É uma fase em que eles estão se transformando nas diversas coisas valorosas que admiramos. Quem está colhendo? A sociedade. Mas nós, no Ensino Superior, ajudamos nesse processo. No Ensino Superior, somos a última etapa nessa cooperativa de bacuris. Quantos professores universitários estenderam a mão numa hora de dificuldade e evitaram que bacuris excelentes, no ponto de se tornarem ótimos doces, se desperdiçassem?

Lembro que, já na graduação, em 2009, eu havia recém-descoberto um grave problema de visão. Enquanto eu fazia alguns exames médicos para descobrir o melhor tratamento, não poderia usar óculos. Sem óculos, não havia como acompanhar o grande volume de leituras, pesquisas e atividades; como consequência, meu rendimento começou a cair.

Como, mesmo sem óculos, eu me forçava a ler, decidi dar atenção às disciplinas que eu tinha maior facilidade de compreender. Os professores e colegas dessas disciplinas foram solidários ao meu problema. Porém, havia uma disciplina, Metodologia Científica das Ciências Sociais, em que eu não tivera a mesma sorte.

Era uma disciplina com grande volume de textos e de leituras difíceis; meu professor era um alemão bem sisudo e sistemático. Quando eu o procurei para explicar-lhe de meu problema, ele me respondeu: *Se você não pode ler, não pode ser um cientista social. Saia do curso!* Fiquei arrasado!

Não tenho outra definição para esse professor se não professor eucalipto. Talvez uma definição mais pesada, *professor erva daninha*. Fiquei tão frustrado que resolvi trancar o curso. Procurei a direção da faculdade para comunicar a minha decisão. Porém a professora que dirigia a faculdade plantava bacuris. Suas palavras, sua preocupação para que não trancasse curso, se propondo até mesmo a ir conversar com o professor da disciplina, me impactaram.

Tranquei o curso, porém, certo de que voltaria, graças àquela professora que não permitiu que um bacuri fosse desperdiçado. Essa mesma professora se tornou minha orientadora de TCC mais tarde. Veja, ela é uma professora da graduação cuidando de bacuris.

Contudo, talvez você seja do tipo que pensa que isso é muito utópico, até romântico, e diga para si mesmo: "Sou uma pessoa pragmática, dou aulas porque isso paga as minhas contas." *Se a sua motivação é financeira, se você ministra aulas ou coordena porque lhe pagam bem para isso, então plante os bacuris e cuide deles da melhor forma possível, porque, se for um bom semeador e cuidador de bacuris, você será valorizado ainda mais por isso.* Mas, se for um mal semeador de bacuris, ninguém vai querer você. Lembre-se de que não importa a sua modalidade de ensino, não importa a sua motivação, é plantando bacuris que você se tornará um educador de sucesso.

EPÍLOGO

SAIA DA SUA CAVERNA: VISUALIZAÇÃO, FOCO E AÇÃO

Iniciei este livro falando, a partir do exemplo de meu amigo Raimundo Junior, dos problemas de não sabermos aonde queremos chegar na nossa carreira educacional, seja por nunca termos dado a devida atenção a isso, seja porque a faculdade não nos apresentou a isso. Contudo, é importante também geri-la. Nossos recursos são finitos. É por esse motivo que devemos saber onde aplicarmos a nossa energia e como devemos aplicá-la. Portanto, esses aspectos fazem parte da liderança fundamental, que é a liderança de nós mesmos.

Há três aspectos que, em minha opinião, resumem o que há de mais importante no que escrevi até aqui. Eles estão nas entrelinhas deste nosso diálogo, e tenho certeza de que você os percebeu; e por resumirem bem o que escrevi até o momento, gostaria de retornar a esses aspectos para encerrar este livro, chamando sua atenção para eles: *a visualização, o foco e a ação.*

Eu gosto bastante de assistir e ouvir palestras das mais variadas áreas. Sempre fiz isso, desde os tempos de pré-vestibular, antes mesmos de os *podcasts* caírem no gosto popular. Certa vez, enquanto corria, eu ouvia o grande palestrante e *coach* Bob Proctor. Na palestra em questão, ele falava de visualização e do poder de atração que a visualização pode ter. Basicamente, a visualização é poder projetar em você aquilo que quer se tornar: ***possuir a capacidade de se sentir, se ver, se descrever hoje, como quer estar no futuro***. E essa capacidade é tão forte que fará você aumentar a frequência na qual suas energias vibram, e isso atrairá o que você deseja. Uau!

Há algo que eu concordo com Bob. A visualização é um primeiro passo para as coisas se realizarem. Saber o seu ponto A e saber exatamente, com riqueza e precisão de detalhes, o ponto B aonde você quer chegar — como e de que forma quer chegar — são fundamentais. Você realmente precisa projetar em si aquilo que quer ser. Como eu disse antes, **A MENTE VAZIA É A OFICINA DO FRACASSO**, e nada melhor do que preenchê-la com nosso sucesso. Contudo, como cientista que sou, toda a conversa de frequências e energias de atração, apesar de haver conceitos de algumas áreas da ciência, sempre me soou como algo pseudocientífico e, portanto, nunca fez sentido para mim.

Não obstante, quando eu era apenas um adolescente de aproximadamente 15 anos, eu costumava brincar com as pessoas dizendo insistentemente a elas "Eu sou o mestre". Eu dizia isso em qualquer situação, por mais incoerente que fosse com o contexto. Se você me questionasse se estava certo sobre algo, eu lhe responderia "eu sou o mestre", com certeza. As pessoas questionavam por que eu dizia isso. A verdade é que apenas me parecia algo engraçado de dizer, e eu repetia a todo instante: "Eu sou o mestre." E sabem de uma coisa? *Eu sou o mestre agora!* Tenho mestrado em Sociologia e Antropologia. Coincidência ou Bob estava certo?

Talvez eu tenha dito isso tantas vezes que fiz minha energia vibrar em frequências mais altas que atraíram o mestrado para mim. Como contei, passei no mestrado em primeiro lugar e tive apenas um conceito BOM — o equivalente a notas entre 8,1 e 9,0 — durante todo o mestrado. Todos os outros conceitos foram EXCELENTES — o equivalente a alguma nota entre 9,1 e 10,0. Acontece que eu não contei a você — para revelar apenas nesta conclusão, propositalmente — que eu não passei no mestrado na primeira vez que tentei.

Como contei, eu estava prestes a ser jubilado e precisava entregar o TCC para me formar. Assim o fiz, no prazo determinado, e, como você sabe, me formei e fui aprovado na especialização. Porém não contei antes que, juntamente com a seleção da especialização, eu tentei a seleção do mestrado pela primeira vez e não fui aprovado. Havia tirado uma nota muito baixa na prova escrita e fui eliminado pelos critérios de corte.

Como eu disse, sou um cientista, e na ciência não tem nada sobre atrairmos as coisas por vibrarmos a nossa energia em frequências mais altas. Mas a ciência (Administração, Recursos Humanos, Economia, Sociologia das Organizações etc.) mostra que *o foco gera resultados*. Aliás, poderíamos definir a ciência como o estudo do foco, do particular, de um ponto ou recorte específico. Não podemos, por vontade própria, alterar a frequência da energia irradiada por nossos corpos, e nem isso vai atrair o que desejamos para nós. Portanto, Bob Proctor, por mais genial que seja, não está correto do ponto de vista da ciência formal. Porém, ainda assim, vale a pena lê-lo. Há lições importantes em sua vida.

A única coisa que há de palpável de acordo com as Ciências Sociais e Sociais Aplicadas é que saber com clareza qual o seu ponto A e qual é o ponto B, aonde você quer chegar, vai ajudá-lo a alcançar seus objetivos. Porém, para que seus objetivos sejam alcançados, é necessário foco. *O foco não é você concentrar-se, unicamente, naquilo que deseja; isso é "bitolação".* A "bitolação" vai deixar você cansado, estafado e, com certeza, chato para as pessoas à sua volta. O foco é, sim, em grande medida, concentrar-se em seus objetivos, mas sobretudo, como já demonstrei nas páginas anteriores, saber afastar aquilo que nos atrapalha.

Você não precisa se afastar das coisas boas que agregam na sua vida — sua família, seus filhos, seus bons amigos, sua fé etc. —, mas retirar do seu caminho aquilo que vai atrasá-lo. Aquelas horas desperdiçadas em redes sociais apenas matando o tempo. Aquele gasto excessivo em farras e festas, que o endividam e o impedem de investir na sua formação e qualificação. De nada vai adiantar visualizar o educador que quer se tornar sua área de atuação na educação, sentir este forte desejo, e não afastar os hábitos e as crenças limitantes. E isso é não apenas científico; é, também, prático. É a habilidade de gerir seus recursos. É simplesmente custo de oportunidade. Gaste mais recursos em coisas inúteis ou fúteis e, bem, o resultado é óbvio.

O foco vai fazê-lo desenvolver competências e habilidades necessárias ao seu desenvolvimento na carreira (gestão de tempo, liderança, gestão pessoal, criatividade, capacidade de inovação etc.). É o foco que lhe permitirá exercer a resiliência, essa habilidade incrível que nos permite atravessar situações desagradáveis. No entanto, cuidado para não criar um foco sem ação, e assim anular o seu foco.

De nada vai adiantar afastar o que pode atrasar a sua carreira se você for alguém passivo. Se você for alguém que espera a vida acontecer e se comporta como um espectador e não protagonista da sua história. Se você já sabe onde está, quais as possibilidades de mercado em educação, qual o seu perfil de educador, a pergunta importante que deve se fazer é: *eu estou disposto a agir?* Se você afastar as coisas nocivas ao seu desenvolvimento, porém não colocar nada no lugar para preencher o espaço, adivinhe? O mato cresce de novo. A carreira que você quer não vai cair do céu. A vaga de emprego que você sonha, tampouco. É claro que existem fatores sociais que atrapalham e, sim, vai ser mais difícil para uns que para outros, infelizmente. Mas se você não estiver disposto a se mexer para superar essas barreiras, sem dúvida, será mais difícil.

Esta é a finalidade da ação: transformar o pacote visualização + foco em realidade. Como eu busquei mostrar até aqui, a ação é um engajamento e você deve estar engajado em si mesmo. É este engajamento de si que o fará construir o seu planejamento pessoal de carreira na educação para alcançar os seus objetivos; é este engajamento de si que o fará se desenvolver sempre mais e, assim, buscar um diferencial para na sua carreira na educação.

Eu me visualizava como alguém muito bom, um mestre, uma referência, porém eu não atraí este título pelas energias em frequências aumentadas etc. Eu mantive um foco, mesmo muito tempo depois da adolescência, quando eu já estava na universidade. Decidi bem jovem que seria um adulto sem vícios, e me mantenho assim. Eu afasto do caminho aqueles comportamentos que podem me prejudicar. *Foi o meu foco que fez não desanimar quando não passei no mestrado. Mas foi a ação que me fez transformar em realidade minha visualização e meu foco, no ano seguinte.*

Portanto, ainda que concordando com Bob Proctor sobre o poder da visualização — e a psicologia positiva já apresenta dados sobre o poder dessa capacidade de pensar em si com confiança e positividade —, não foram minhas energias em frequências diferentes que tornaram minha visualização em realidade. Tampouco se trata de uma coincidência. Trata-se de planejamento. Trata-se dessa tríade do sucesso que está presente nas páginas deste livro. São estes os elementos concretos, com bases em consensos científicos que você pode aplicar na sua carreira: *a visualização, o foco e a ação.*

APÊNDICE

CONSTRUINDO MEU PLANO

Plano de Carreira	
Foto	**Nome:**
	Idade:

Autobiografia: escreva a sua história. Os pontos mais relevantes da sua infância, adolescência e vida adulta até o momento.

_____
_____
_____
_____
_____
_____
_____
_____
_____
_____
_____
_____
_____
_____
_____
_____
_____
_____
_____
_____

Missão: escreva sua missão. Aquilo que o motiva e para o qual se vocaciona. Você pode utilizar os exercícios feitos anteriormente.

_____
_____
_____
_____
_____

Visão geral: escreva sua visão profissional e pessoal. Como e onde você se vê daqui a 5, 10, 15 e 20 anos ou mais. Com que grau de instrução, formação, vida financeira etc.

_____
_____
_____
_____
_____

Visão de curto prazo: da sua visão geral, defina a visão de curto prazo, até os próximos 5 anos.

_____
_____
_____
_____

Visão de médio prazo: da sua visão geral, defina a visão de médio prazo, entre os próximos 5 a 10 anos.

_____
_____
_____
_____

Visão de longo prazo: da sua visão geral, defina a visão de médio prazo, para além de 10 anos.

_____
_____
_____
_____

POSICIONAMENTO ESTRATÉGICO DE MERCADO.

Habilidades e competências *hard skills*:

Escreva quais habilidades de *hard skills* você possui para atuar o mercado escolhido.

Habilidades e competências *soft skills*:

Escreva quais habilidades de *soft skills* você possui para atuar o mercado escolhido.

Foco de mercado e características do mercado: 1; 2; 3...

Escreva sua percepção do mercado ou dos mercados de atuação pretendidos. Você pode utilizar o diagrama dos pontos cardinais para iniciar sua compreensão dos mercados pretendidos.

_____
_____
_____
_____
_____

***Hard skills* para adquirir:**

Escreva quais habilidades de *hard skills* você deve adquirir para potencializar sua atuação no mercado escolhido.

***Soft skills* para adquirir:**

Escreva quais habilidades de *soft skills* você deve adquirir para potencializar sua atuação no mercado escolhido.

Prospecto/diagnóstico: escreva aqui como você percebe suas possibilidades atuais para conseguir se colocar no mercado. Se é uma perspectiva boa ou ruim. Seja realista e trabalhe a partir disso.

_____
_____
_____
_____

Projetos estratégicos de desenvolvimento

(Aqui você deve começar a escrever os projetos que serão necessários para que você realize sua visão).

Projeto (título)   **Nº 01**

Ex: Curso de inglês

_____

Projeto (descrição do projeto. Ex: adquirir em 12 meses fluência no inglês, focado em conversação e leitura a partir de curso online com horário flexível ao meu trabalho).

_____
_____
_____

Resultado esperado final: (Ex: fluência para conversas e leitura de artigos e livros em língua inglesa).

_____
_____
_____

Data de início:		Data de término:	
Prevista: 01/01/2022.	Real: 01/03/2022.	Prevista: 30/12/2022.	Real:___/___/____ (Preencher quando finalizar).

OBJETIVOS E METAS:	
Objetivo 1: conversar assuntos simples e curtos do cotidiano.	**Meta 1:** desenvolver a habilidade de diálogo rotineiro em até 4 meses.
Objetivo 2: ler com facilidade anúncios, avisos e textos curtos.	**Meta 2:** desenvolver a habilidade de leitura simples em até 6 meses.
Objetivo 3: conversar e explicar ideias complexas e acadêmicas.	**Meta 3:** desenvolver a habilidade de diálogo técnico e acadêmico em até 10 meses.

Anotações: aqui você pode anotar situações novas que favoreçam ou dificultem o desenvolvimento do projeto ou qualquer outra situação importante com um livro ou um filme que vá ajudar.

_____
_____
_____

REFERÊNCIAS

ALVES, Rubem. *Conversas com quem gosta de ensinar*. São Paulo: Papirus Editora, 2020.

ALLPORT, G. W. (1973). *Personalidade - Padrões e desenvolvimento*. São Paulo: EPU.

AMORA, Soares. *Minidicionário Soares Amora da Língua Portuguesa*. 20ª ed. São Paulo: Saraiva, 2014.

AURÉLIO, Marco. *Meditações*. São Paulo: Edipro, 2019.

BAECHLER, Jean. Grupos e sociabilidade. *In*. Raymond Boudon. *Tratado de Sociologia*. Rio de Janeiro: Jorge Zahar Ed., 1995

BAUMAN, ZYGMUNT. *Modernidade líquida*. Rio de Janeiro: Zahar, 2001.

CARROLL, LEWIS. *Aventuras de Alice no país das maravilhas; Através do Espelho e o que Alice encontrou por lá*. 1ª ed. Rio de Janeiro: Zahar, 2009.

Censo EAD.BR: relatório analítico da aprendizagem a distância no Brasil 2018 = Censo EAD.BR: analytic report of distance learning in Brazil 2018 [livro eletrônico]/[organização] ABED – Associação Brasileira de Educação a Distância. Curitiba: InterSaberes, 2019.

Censo EAD.BR: relatório analítico da aprendizagem a distância no Brasil 2020 = Censo EAD.BR: Analytic Report of Distance Learning in Brazil 2020 [livro eletrônico]/[organização] ABED – Associação Brasileira de Educação a Distância; tradução Camila Rosa]. Curitiba, PR: InterSaberes, 2022.

CRUZ, C. (2001). *Competências e habilidades: da proposta à prática*. São Paulo: Edições Loyola

CAVALCANTI, Vera Lucia *et al*. *Liderança e motivação*. 3ª ed. Rio de Janeiro: FGV, 2009

CMOV *Construindo Carreiras*. Apresentação Institucional.

D'EL REY, G. J. F. & Almeida, I. P. (2002). Transtornos fóbicos na atualidade. *Integração: Ensino, Pesquisa e Extensão*, 8(28), 25-29.

DWECK, Carol S. *Mindset: a nova psicologia do sucesso*. São Paulo: Objetiva, 2017.

DELEUZE, Gilles; GUATTARI, Félix. *O que é a filosofia?* São Paulo: Editora 34, 3ª ed., 2010.

DIAS, Isabel Simões. Competências em Educação: conceito e significado pedagógico. *Revista Semestral da Associação Brasileira de Psicologia Escolar e Educacional*. São Paulo, v. 14, n. 1, janeiro/junho de 2010, p. 73-78.

DUARTE, GERALDO. *Dicionário de administração e negócios*. Edição digital. 2011.

DUTRA, Joel S. *Gestão de pessoas: modelos, processos tendências e perspectivas*. São Paulo: Atlas, 2011.

DURKHEIM, Émilie. *Educação e Sociologia*. Petrópolis, Rj: Vozes, 2011.

ESTRADA, R; NETO, L; AUGUSTIN, E. Planejamento Estratégico Pessoal. *Revista de Ciências da Administração*. V. 13, n. 30, p. 118-145, maio/ago 2011.

FREIRE, Paulo. *Pedagogia da autonomia: saberes necessários à prática educativa*. 53ª ed. Rio de Janeiro: Paz e Terra, 2016.

_____. *Pedagogia do oprimido*. 67ª ed. Rio de Janeiro/São Paulo: Paz e Terra, 2019.

FERREIRA, Gianini Cochize. *Mindset de mudança: como conduzir mudanças significativas na vida*. Guarulhos: Edição independente, 2019.

FLIPPEN, Flip. *Pare de se sabotar e dê a volta por cima*. Rio de Janeiro: Sextante, 2016.

GOLEMAN, Daniel. *Liderança: A inteligência emocional na formação de líder de sucesso*. Rio de Janeiro: Objetiva, 2015.

_____. *Inteligência Social: a ciência revolucionária das relações humanas*. Rio de Janeiro: Objetiva 2019.

HILL, Napoleon. *Quem pensa enriquece – o legado*. Porto Alegre; CDG, 2018.

HUNTER, James C. *O monge e o executivo: uma história sobre a essência da liderança*. Rio de Janeiro: Sextante, 2004.

HEIMBERG, R. G. et al. (2000). Trends in the revalence of social phobia in the United States: A synthetic cohort analysis of changes over four decades. *European Psychology*, 15 (1), 29-37.

LEWIN, K. (1975). *Teoria dinâmica da personalidade*. São Paulo: Cultrix.

LOJA, Nei. *Grande Líder Motivador*. Rio de Janeiro: Record, 2005

MAXWELL, John C. *Os 5 níveis da Liderança: passos comprovados para maximizar seu potencial*. Rio de Janeiro: CPAD, 2013.

_____. *As 21 indispensáveis qualidades de um líder*: As virtudes fundamentais para conduzir uma equipe ao sucesso. 2ª ed. Rio de Janeiro: Vida Melhor, 2015.

MENEGOLLA, Maximiliano; SANT'ANNA, Ilza Martins. *Por que planejar? Como Planejar?* currículo, área, aula. 22ª ed. Petrópolis: Vozes, 2014.

MILLS, Wright C. *A imaginação sociológica*. 2ª ed. Rio de Janeiro: Zahar, 2004.

OLIVEIRA, Djalma de pinho Rebouças de. *Como elaborar um plano de carreira para ser um profissional bem-sucedido*. 3ª ed. São Paulo: Atlas, 2018.

OLIVEIRA, Giliard Martins de. *Gestão de pessoas e liderança: o novo papel dos recursos humanos e da liderança nas organizações*. Florianópolis: 2020.

PASSOS, Jair. *Professor mediador e a neurolinguística na sala de aula*. Curitiba: Appris, 2016.

SCHWARTZ, T. et. Al. Administre sua energia, não seu tempo. In: Gerenciando a si mesmo. *Harvard Business Review Brasil*. Rio de Janeiro, Rj: Sextante, 2018.

SILVA, Gabriele Bonotto; FELICETTIB, Vera Lucia. Habilidades e competências na prática docente: perspectivas a partir de situações-problema. *Educação Por Escrito*, Porto Alegre, v. 5, n. 1, p. 17-29, jan.-jun. 2014.

ÍNDICE

SÍMBOLOS

3 em 5, método, 31, 57–62, 70–71
  em prática, 38
3 em 5, modelo, 14–18
  fatores relevantes, 43

A

aceitação, 58–62
ações planejadas, 21
acolhimento, 149
acostumar-se, 59–62
adversidades, 58–62
alta performance, 76–77
alunos estímulos, 161, 166
amor-próprio, 148
ansiedade social, 140–141
Anthony Robbins, 29–31
Antoni Zabala, 90–92
aprendizado
  curva de, 13
aprendizagem
  pragmática, 70–71
aptidão social, 98–99
aptidões, 17–18
Ariano Suassuna, 181
ataraxia, 57–62
atividades físicas, 150
autoavaliação, 12
autoconhecimento, 9, 31
autodesconfiança pedagógica, 145
autojulgamento, 148
autossugestão, 65
avaliação, 24

B

Bob Proctor, 202–205
bricolagem, 21

C

carisma, 100
Carlos Cruz, 90–92
Carol Dweck, 54
carreira
  compreensão da, 32
  definição, 15–18
  e licenciatura, 17–18
  na graduação, 19
  planejamento de, 14
  plano de, 22
  principais erros, 168
Catherine McCarthy, 48–50
clarificação de valores, 38–39
comparações, 146
competência
  definição, 89–92
comportamento, 74
comportamentos, 77–81
comunicações, 25–26
conformismo, 30–31
conhecimento
  construção de, 170–171
consciência social, 98–99
coragem, 54

213

crenças
    definição, 52
    limitantes, 55, 146
crenças limitantes, 12
cultura brasileira, 25–26
curiosidade, 70
    epistemológica, 71–72
custo de oportunidade, 39, 204–205

D

Daniel Goleman, 96–99, 111
demissão, 88
desconfiança, 146
desenvolvimento pessoal, 53
Desenvolvimento Profissional Docente (DPD), 3
determinismo, 176–177
didático-pedagógico
    tripé, 71
dinâmicas, 165
discordâncias, 165
Djalma de Oliveira, 15–18
Donald Robertson, 38–39

E

educação, 26
    online, 26
educação moral, 78–81
educador
    definição, 84–88
e-learning, 26
Émile Durkheim, 26

empatia, 98–99
empreendedorismo, 17–18
engajamento, 169–170
ensino-aprendizagem, 80–81
ensino híbrido, 26
Erasmo Carlos, 54
erros na carreira, 167–168
escolhas conscientes, 32
esfinge, 16–18
espiritualidade, 64
estabilidade, 30–31
estoicismo, 57–62
estranheza, 98–99
estratégia, 35–36
estratégia organizacional, 92
ética
    definição, 77
existencialismo, 169–170
expectativas, 93–95
experiência
    profissional, 15–18
experiências, 13

F

família, 52
fé, 63–64
feedback, 120
    dos alunos, 152–153
Félix Guattari, 60–62
fidelidade, 113–114
flexibilidade, 114
Flip Flippen, 55
fobia social, 140–141

foco
    definição, 203–205
frustrações
    tolerância a, 61–62

G

Gabriele Bonotto Silva, 90–92
gana por estudar, 72
gestão de pessoas
    definição, 92
Gianini Ferreira, 53
Gilles Deleuze, 60–62
glossofobia, 140–141
Gordon Allport, 74
GPS de Planejamento Pessoal de Carreira, 70–71
GPS do planejamento, 43
grupos sociais, 79–81

H

habilidade
    e desejo, 93–95
habilidades
    definição, 90–92
hábitos
    limitantes, 13
hard skills, 95–99
Harrington Ingham, 120
homeschooling, 26, 28–31

I

imaginação
    pedagógica, 175
imitação, 70–71, 147

infância, 53
inteligência emocional, 95–99
inteligência social, 38–39, 98–99
intimidação, 116
Isabel Simões Dias, 89–92

J

Jacquie Turnbull, 72–73
Jair Passos, 44–50
Jean Baechler, 52
Jean-Paul Sartre, 31, 169–170
Jim Rohn, 52
Joel Souza Dutra, 93–95
Johari, janela de, 120
John C. Maxwell, 89, 118
John Maxwell, 100
Joseph Luft, 120

K

know-how, 10–11
Kurt Lewin, 74

L

laços fortes, 78–81
Laia Arnau, 90–92
liberdade, 31
licenciaturas, 17–18
liderança, 17–18, 84–88
    afiliativa, 113
    coach, 112
    coercitiva, 116
    consciente, 88
    definição, 89

democrática, 114
desenvolvimento da, 118
educacional assertiva, 111
paradigmas de, 110
pedagógica, 85–88
racionalista, 115

M

Maria Roldão, 90–92
marketing educacional, 26
martírio, 46–50
medo, 54
mente positiva, 64
mestre
    definição, 84–88
metodologias ativas, 165
Mike Abrashoff, 119
mindset, 16–18, 44–50
    definição, 52
    e sucesso, 53
    tipos de, 55
mitologia grega, 15–18
modelagem, 70–71
motivação, 30–31
mudança
    necessidade de, 51

N

Napoleon Hill, 30–31, 53, 64
necessidades, 23–24
Nei Loja, 120

O

otimismo, 64

P

pandemia, 25–26
Paulo Freire, 70, 71–72, 135–137, 162–163
pedagogo
    definição, 84–88
pensar
    ato de, 21
perfeição
    risco da, 134–137
perfil pedagógico, 74
    certinho, 76
    extrovertido, 75
    sério ou sisudo, 75
    treinador, 76–77
personalidade, 52, 74, 147–148
Philippe Perrenoud, 90–92
planejamento, 14
    de aulas, 24
    definição, 21–22
    estratégico, 22
    importância do, 16–18
    modelo de, 22–24
    tipos de, 20
plano de carreira, 22, 29–31
poder de atração, 202–205
prazos
    definição dos, 16–18

preconceito e discriminação, 80–81
professor
　definição, 84–88, 184
programação neurolinguística, 44–50, 86–106
projeto de vida, 29–31
psicologia positiva, 53
psique, 16–18

Q
quarta revolução tecnológica, 25–26

R
redes sociais, 164–165
rendimentos financeiros, 45–50
resiliência, 35–36, 57–62
Revolução Industrial, 15–18
Rubem Alves, 198–200

S
segurança, 49–50
self
　cultura do, 60–62
serviço educacional, 46–50
sistema de valores, 77–81
socialização, 52
　valores, 54
socialização do posicionamento, 165
sociedade do conhecimento, 72–73
Sócrates, 135–137, 171–172
soft skills, 95–99
sorte, 29–31
sucesso
　tríado do, 205

T
tempo
　noção de, 12
Tony Schwartz, 48–50
trajetória profissional, 15–18
transformações tecnológicas, 25–26
transposição pedagógica, 102

V
valores, 54
　sistema de, 172–173
valores morais, 77–81
valorização, 149
Vera Lucia Felicetti, 90–92
virtudes, 59–62
visualização, 202–205

Z
Zeca Pagodinho, 17–18
zona de conforto, 59–62, 73, 119, 152–153, 166
　pedagógica, 172–173
Zygmunt Bauman, 194–200